La vidéo numérique

Faire son cinéma

ISBN : 2-7460-2032-7

Imprimé en France

Editions ENI
BP 32125
44021 NANTES Cedex 1
Tél. : 02.51.80.15.15
Fax : 02.51.80.15.16

e-mail : editions@ediENI.com
http://www.editions-eni.com

Auteur : Patrick JOUBERT
La collection **TOP MICRO** est dirigée par Corinne HERVO

Avant-propos

La vidéo numérique n'est plus un luxe réservé aux professionnels. Chacun peut désormais filmer, monter et graver son film numérique chez soi avec un caméscope et un ordinateur. L'arrivée du caméscope DV, la puissance des ordinateurs actuels, les effets spéciaux des logiciels et surtout la baisse des prix permettent désormais aux cinéastes en herbe de voir leur rêve sur un écran. Mieux, la famille entière peut récupérer ses anciens films VHS pour les numériser sur CD ou DVD !

De la prise de vue au montage en passant par la gravure et la diffusion sur Internet, ce livre développe, à l'aide de pas à pas et d'explications concrètes, les notions de base de la vidéo numérique :

- Choisir son caméscope numérique,
- L'ordinateur de montage,
- Le logiciel de montage,
- Monter avec Studio 8 de Pinnacle,
- Enregistrer son film,
- Graver un DVD avec Sonic MyDVD,
- Diffuser sa vidéo sur Internet
- Numériser ses anciens films.

La dernière partie recense les principaux sites Web dédiés à la vidéo ; le livre se termine par un glossaire et un index.

Pour que vous puissiez plus facilement retrouver et interpréter les informations qui vous intéressent, nous avons adopté les conventions typographiques suivantes : le texte en **gras** indique une commande à activer, le nom d'une boîte de dialogue ou une option, le **texte en caractères plus petits** correspond à un commentaire.

Ce symbole introduit une remarque qui fournit des informations complémentaires sur le titre concerné.

Table des Matières

Table des Matières

Table des Matières

Table des Matières

Table des Matières

Annexes

1e Partie

Introduction

Choisir la vidéo numérique

INTRODUCTION

Pour le grand public, l'histoire de la vidéo numérique commence avec l'apparition du premier caméscope numérique DV en 1995. Comme tout nouveau produit high-tech, les premiers appareils coûtaient chers et restaient inaccessibles à de nombreuses personnes. Ce nouveau format a toutefois permis à "monsieur tout le monde" de filmer avec une qualité d'image digne des professionnels.

Parallèlement, l'informatique s'est développée et est devenue le meilleur allié du caméscope. Les logiciels de montage et la puissance des processeurs ont permis à l'ordinateur de devenir une puissante station de montage. Les machines sont devenues si performantes que les professionnels eux-mêmes en sont équipés et utilisent le format DV dans leurs travaux institutionnels. Pour la première fois dans l'histoire de la vidéo, l'amateur et le professionnel jouent dans la même cour.

À la fin des années 90, un second événement majeur introduit la vidéo numérique dans les foyers, le DVD. En 1998, le lecteur DVD de salon fait son entrée et supplante progressivement le magnétoscope VHS. Les ventes de lecteurs DVD et les locations de films DVD avec leurs fameux bonus explosent.

En juillet 2001, c'est au tour du premier graveur DVD d'arriver sur le marché. Il remplace progressivement le graveur de CD dans les ordinateurs permettant au vidéaste de réaliser lui-même ses films DVD avec menus et chapitres. Parallèlement, les premiers enregistreurs DVD de salon apparaissent dans les rayons avec une qualité d'image et des fonctionnalités de programmation étonnantes.

Enfin, l'arrivée d'Internet et le développement de la connexion à haut débit contribuent également à l'émancipation de la vidéo numérique. Sur les sites Web, on peut désormais visionner et télécharger des films entiers !

La vidéo numérique est née auprès du grand public avec l'apparition du caméscope DV en 1995. Elle est d'autant plus présente aujourd'hui que les ordinateurs sont suffisamment puissants pour gérer la capture vidéo, le montage et plus récemment la gravure sur CD et DVD. Mieux, la baisse du coût du matériel a encouragé les particuliers à s'équiper et à introduire la vidéo numérique dans les foyers. Le caméscope et le montage gagnent chaque année du terrain dans les rayons et les esprits. L'année 2001 fut particulièrement significative : pour la première fois les ventes de caméscopes numériques ont dépassé celles des caméscopes analogiques Hi8. Le pas est désormais facile à franchir pour le consommateur qui peut s'équiper d'un caméscope DV à partir de 650 €. Il est toutefois utile de s'interroger sur les atouts de la vidéo numérique. Pourquoi est-elle numérique ? La qualité est-elle meilleure ? Quels sont ses débouchés ?

LA QUALITÉ

La quasi-totalité des caméscopes numériques enregistrent sur cassette au format DV. Le DV (abréviation de Digital Video) est un format numérique grand public mis au point en 1993 par les principaux constructeurs d'électronique (Sony, Matushita, Canon etc.). Il permet d'afficher 500 lignes horizontales sur un téléviseur (contre 400 en Hi8 analogique) avec un son de qualité CD. La qualité d'image est si bonne que même les professionnels l'utilisent dans leurs travaux institutionnels (entreprises, reporters indépendants, chaînes de télévision).

Alors qu'en vidéo analogique, le signal est une onde électrique, lorsque vous filmez avec un caméscope numérique, vous numérisez un signal vidéo électrique. Dans ce processus, chaque image est convertie en donnée numérique binaire, c'est-à-dire une suite de 0 et de 1 qui ne se dégradent pas avec le temps (0 = 0 et 1 = 1 même après 10 ans). Le film numérique peut ainsi être conservé pendant des années sans aucune perte. Par ailleurs, les constructeurs ne cessent d'accroître la résolution des capteurs CCD des caméscopes. Si la plupart des capteurs offrent aujourd'hui un minimum de 800 000 pixels, le capteur mégapixel (1 million de pixels) est de plus en plus fréquent dans les appareils.

LA COMPATIBILITÉ INFORMATIQUE

La vidéo numérique a l'avantage d'être entièrement compatible avec les ordinateurs qui se sont progressivement adaptés pour recevoir leur signal. Le caméscope numérique possède une prise DV (ou i.Link) lui permettant de communiquer avec un PC ou un Mac dès lors que ce dernier possède lui-même une prise numérique dite IEEE1394 (ou FireWire). Cette connexion autorise un débit rapide des données de 400 mégabits/seconde (Mbps) et a permis de développer des logiciels de montage vidéo très performants pour réaliser des films de qualité professionnelle.

Les termes FireWire ou i.Link sont synonymes, ils désignent l'interface numérique IEEE1394.

LA DUPLICATION SANS PERTE

À l'inverse d'un film VHS qui perd une génération (dégradation de l'image) lors de sa duplication sur une autre cassette, le transfert numérique d'un film DV stocké sur un ordinateur vers une cassette MiniDV n'occasionne quasiment aucune perte de qualité d'image, puisqu'il s'agit d'un transfert intégralement numérique (source et appareil destinataire sont numériques). Gardez à l'esprit qu'une dégradation d'image n'a lieu que lorsque un "maillon" analogique entre dans la chaîne de transfert (magnétoscope, caméscope Hi8, convertisseur analogique/numérique) ou qu'une compression intervient (Vidéo CD, DVD, Internet).

DES SUPPORTS DE DIFFUSION VARIÉS

La vidéo numérique propose un grand nombre de supports de diffusion. On peut choisir de stocker sa vidéo numérique sur cassette MiniDV, CD, DVD ou Internet. Chaque support a ses avantages et ses inconvénients. Si le transfert d'un film sur cassette numérique n'engendre aucune perte de qualité, l'enregistrement d'un film DV sur CD, DVD ou Internet nécessite une "compression" qui dégrade plus ou moins la qualité d'image. On compte aujourd'hui quatre principaux supports d'enregistrement numérique :

Choisir la vidéo numérique

La **cassette numérique** (MiniDV et Digital 8) : elle assure une qualité d'image optimale puisqu'elle n'engendre aucune perte de qualité vidéo ou audio et peut contenir 60 à 90 minutes de vidéo DV. Inconvénient : il faut rembobiner la bande pour trouver une séquence.

Le **Vidéo CD** (VCD) : c'est un CD pouvant contenir jusqu'à 60 minutes de vidéo compressée au format MPEG-1 avec une résolution de 352x288 pixels. La qualité d'image est identique à une VHS. Il est lisible sur ordinateur et sur la plupart des lecteurs DVD de salon portant la mention VCD.

Le **Super Vidéo CD** : c'est un CD pouvant contenir jusqu'à 30 minutes de vidéo compressée au format MPEG-2 avec une résolution de 480x576 pixels. La qualité d'image est proche du DVD-Vidéo. Il est lisible sur ordinateur et sur certains lecteurs DVD de salon portant la mention SVCD.

Le **DVD-Vidéo** : c'est un disque DVD pouvant contenir jusqu'à 120 minutes de vidéo compressée au format MPEG-2 avec une résolution de 720x576 pixels. La qualité d'image est comparable au DV. Il est lisible sur ordinateur et sur tous les lecteurs DVD de salon. Pour réaliser un DVD-Vidéo, il faut un logiciel auteur (dit d'authoring).

La totalité de ces supports est réalisable avec un ordinateur. L'alliance entre l'informatique et le caméscope est donc totale.

2e Partie

Le matériel

Le caméscope numérique

Il y a encore quelques années, le caméscope grand public était analogique. Il enregistrait sur cassette au format VHS, VHS-C, 8 mm et Hi8. Ces formats d'enregistrement restituaient une qualité moyenne de 300 à 400 lignes TV et souffraient de tous les inconvénients du signal analogique : usure de la bande, parasites, montage linéaire avec un magnétoscope et perte lors de la copie. Aujourd'hui le caméscope analogique est (presque) mort, vive le caméscope numérique ! Meilleure qualité d'image, meilleure compacité et compatibilité informatique sont les avantages majeurs du caméscope numérique.

POURQUOI ACHETER UN CAMÉSCOPE NUMÉRIQUE ?

La compacité

Depuis son lancement dans les années 80, le caméscope n'a jamais cessé de rétrécir et de s'alléger. Mais avec l'avènement du caméscope numérique à la fin des années 90, on peut véritablement parler de course à la compacité. On trouve aujourd'hui des caméscopes DV de 400 grammes dont la taille ne dépasse pas la paume de la main. Ce miracle est d'abord rendu possible grâce au format de la cassette MiniDV qui est deux fois plus petite qu'une ancienne cassette Hi8/8mm ; ensuite parce que les ingénieurs parviennent à miniaturiser des composants internes tels que les lentilles et le capteur. C'est un fait : plus un caméscope est petit, plus on l'emmène avec soi et plus on justifie son achat. Les constructeurs l'ont bien compris et consacrent une large partie de leur gamme au voyage et à la mobilité.

Qualité et format d'image

Si le poids du caméscope n'a cessé de baisser avec les années, la qualité d'image, elle, n'a jamais cessé d'augmenter. Un caméscope numérique filme au format DV (Digital Video) dont la résolution PAL est de 720x576 pixels. Aujourd'hui, les caméscopes numériques intègrent un capteur allant de 800 000 à 2 millions de pixels et affichent une définition remarquable de 500 à 530 points/ligne sur un téléviseur. Les fabricants ont également amélioré l'image en rendant les capteurs plus performants, plus sensibles à la lumière, et en intégrant des stabilisateurs d'image qui atténuent les tremblements du poignet.

Certains caméscopes récents enregistrent non pas en DV mais en MPEG-2. Ce format de compression vidéo est le même que celui utilisé pour les DVD-Vidéo. La qualité d'image est pratiquement la même que le DV à la différence qu'elle pèse deux fois moins lourd, soulageant ainsi les disques durs d'ordinateurs lors du montage. Pour l'heure, les seuls caméscopes enregistrant en MPEG-2 sont les MicroMV de Sony et les DVD Cam d'HItachi.

Les débouchés multimédias

Le caméscope numérique ne se limite plus à la prise de vue et à la lecture de cassette. Tout comme l'imprimante, le graveur ou le scanner, il est devenu un véritable périphérique informatique. Sa prise DV (ou i.Link) lui permet de transférer rapidement de la vidéo sur un ordinateur. Certains modèles intègrent même un mode photo sur carte mémoire et une prise USB pour assurer leur chargement sur ordinateur. Le mode photo trouve surtout son intérêt sur des caméscopes dotés d'un capteur mégapixel, qui autorisent des clichés corrects en impression 10x15 centimètres. Enfin, le caméscope peut faire office de webcam et enregistrer de la vidéo compressée au format MPEG-4 pour réaliser de petits clips pour Internet... sans fil ! (technologie Bluetooth de Sony).

Le caméscope numérique

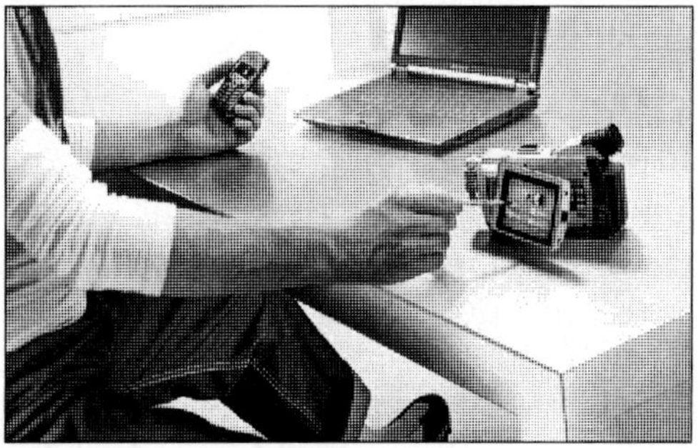

Certains caméscopes Sony (ici le DCR-TRV50) sont dotés d'une fonction Bluetooth permettant l'envoi de photos et de vidéos par Internet sans fil via un téléphone portable compatible.

Différences entre le caméscope analogique Hi8 et le caméscope numérique MiniDV

Caméscope	Hi8	MiniDV
Résolution TV	400 lignes	500 lignes
Format	Analogique composite	Numérique DV
Taille cassette	9,4x6,1x1,4 cm	6,6x4,8x1,2 cm
Connexion de sortie	Analogique A/V	DV (ou i.Link) Analogique A/V

LES FORMATS DE CAMÉSCOPES

Il existe trois formats de caméscopes numériques sur le marché grand public, chacun est associé à un type de support.

Le caméscope MiniDV

Le caméscope MiniDV a rapidement succédé au caméscope DV que l'on ne trouve plus guère aujourd'hui. Le MiniDV est de loin le plus répandu sur le marché. Il enregistre sur une cassette MiniDV dont la petite taille (66x48x12 mm) permet une forte compacité de l'appareil. Son format d'enregistrement est le DV (500 lignes horizontales) avec un son de qualité CD (12 bits/16 bits). À noter que certaines cassettes MiniDV – dites "à mémoire" – sont dotées d'une mémoire à puce de 4 Kbits permettant de stocker des informations relatives aux réglages de la caméra, à l'indexation de photos ou de date, et au titrage des séquences sur la bande. Chez Sony, cette gamme est appelée "Excellence".

Le caméscope Digital 8

Sony est la seule marque à proposer la gamme Digital 8.

En 1999, Sony a lancé un nouveau format de caméscope : le Digital 8. Pourquoi ? Essentiellement pour des raisons de coût. Le caméscope Digital 8 enregistre sur une cassette de la taille d'une cassette Hi8 analogique (94x61 mm) tout en enregistrant au format numérique DV, c'est-à-dire le même que celui d'une MiniDV avec une qualité d'image et de son identique. Et puisque le Digital 8 reprend un support déjà largement amorti financièrement, cela permet à Sony de fabriquer des caméscopes numériques, certes un peu gros, mais très bon marché, vendus à partir de 650 €. Le caméscope Digital 8 a l'immense avantage d'être compatible en lecture comme à l'enregistrement avec le parc de cassettes analogiques accumulées depuis 1985 (8 mm) et 1989 (Hi8). Sony commercialise toutefois des cassettes spécialement estampillées "Digital 8" qui garantissent une meilleure image.

Et puisque les caméscopes D8 possèdent également une prise i.Link, l'utilisateur peut transférer numériquement ses films Hi8 sur ordinateur et faire du montage. Les caméscopes D8 n'ont rien à envier à leurs homologues MiniDV. Ils possèdent des capteurs 800 000 pixels, et même mégapixels avec un mode photo sur carte mémoire (Memory Stick). Bref, les caméscopes Digital 8 ne sont pas des appareils numériques au rabais, loin de là...

À noter que Sony recommande exclusivement l'utilisation de bandes Hi8/D8 pour les travaux numériques car une cassette 8 mm enregistrée en D8 risque de ne pas être relue correctement sur tous les appareils D8.

Le caméscope MicroMV

Le Sony DCR-IP7 fut le premier caméscope MicroMV. Sa taille est un record de miniaturisation.

Le caméscope MicroMV est un format récent créé par Sony en 2001. Sa cassette MicroMV est trois fois plus compacte que sa grande sœur MiniDV (46x30,2x8,5 mm) ce qui a engendré le plus petit caméscope du monde : le Sony DCR-IP7. Le caméscope MicroMV n'enregistre d'ailleurs pas en DV mais en MPEG-2. Ce format vidéo est le même que celui utilisé pour les DVD-Vidéo et "pèse" deux fois moins lourd que du DV (1 minute = 110 Mo) avec une résolution identique de 500 lignes horizontales. Le MicroMV accuse toutefois quelques lacunes : primo, chaque séquence filmée étant un fichier MPEG indépendant, cela occasionne un gel de l'image d'une demi-seconde à chaque fin de clip, secundo, le MicroMV est pour l'instant incompatible avec la plupart des logiciels de montage à l'exception de Studio 8.3 de Pinnacle et MovieShaker de Sony. Toutefois, les caméscopes MicroMV bénéficient souvent d'un design très original.

Bien que le format d'enregistrement du MicroMV soit le MPEG-2, ce format est incompatible avec les DVD-Vidéo.

Le caméscope DVD

Le DVD va-t-il détrôner la cassette ? À gauche le Hitachi DZ-MV230 sorti en 2002, à droite le Sony DCR-DVD200 prévu pour l'automne 2003.

En 2001, Hitachi a lancé un caméscope filmant pour la première fois sur un DVD de 8 centimètres de diamètre : le DVD Cam. Ce concept très novateur a rapidement trouvé des limites car le format choisi par la marque était le DVD-RAM, un format de DVD réinscriptible à volonté offrant 60 minutes d'enregistrement mais illisible sur la majorité des lecteurs DVD. De plus, le DVD Cam d'Hitachi était dépourvu de prise DV pourtant omniprésente en vidéo.

Depuis, Hitachi a sorti un nouveau modèle, le DZ-MV230, en lui ajoutant la compatibilité sur DVD-R lisible sur tous les lecteurs DVD de salon, offrant 30 minutes d'enregistrement, et une interface USB 2.0 pour le transfert sur PC. Enfin, le DVD-Vidéo offre une accessibilité immédiate aux séquences grâce à un menu d'indexation et à des fonctions de montage intégrées.

Malgré tous ces progrès, on croyait le caméscope DVD Cam cantonné à la marginalité en raison de son prix (1600 €) et de l'impossibilité d'effacer un DVD (un enregistrement sur DVD-R étant définitif). Mais l'histoire va peut-être changer puisque Panasonic et Sony commercialisent à leur tour des caméscopes DVD en 2003. Pour Panasonic il s'agira du VDR-M30 enregistrant comme le Hitachi sur DVD-R/DVD-RAM, et pour Sony il est question de caméscopes compatibles DVD-R et surtout DVD-RW qui, lui, est un format réinscriptible et lisible sur tous les lecteurs DVD de salon et informatique. Affaire à suivre...

Quel caméscope choisir ?

La qualité d'image étant la même, le choix entre Digital 8, MicroMV et MiniDV se résume souvent à une question de taille et de poids.

Si votre budget est limité à 700 €, que vous possédiez un important stock de vieilles cassettes Hi8/8mm et que la taille du boîtier ne vous fasse pas peur (vous avez de gros doigts), le Digital 8 est fait pour vous. Notez d'ailleurs que le poids d'un caméscope n'est pas forcément une tare, puisqu'il améliore votre stabilité en prise de vues. En revanche, si filmer avec un caméscope d'un kilo vous fait mal au poignet et que vous aimez voyager léger, préférez plutôt un petit compact vertical de 400 grammes qui passera inaperçu dans vos bagages. Le caméscope MicroMV est ultra compact mais il s'adresse plutôt aux personnes se limitant à la prise de vue. La compatibilité au montage est en effet très limitée sur ce format. Enfin, le caméscope DVD se limite pour l'instant à la marque Hitachi. Son DZ-MV230 enregistre de belles images mais n'est pas très ergonomique et son format DVD-RAM n'est lisible que par lui-même. Le caméscope DVD est toutefois un format d'avenir. Nous conseillons d'attendre une évolution de ce format avec Panasonic et Sony qui se lancent sur ce créneau fin 2003.

Les cassettes numériques MiniDV et Digital 8 proposent deux vitesses d'enregistrement : Short Play (SP) pour la vitesse normale et Long Play (LP) pour la vitesse lente. En vitesse lente, la durée d'enregistrement est quasiment multipliée par deux avec une qualité d'image identique au mode normal. En revanche, une vidéo enregistrée en mode LP est souvent incompatible avec les logiciels de montage et ne permet pas le doublage son.

Tableau récapitulatif des formats de caméscopes numériques :

Format	MiniDV	Digital 8	MicroMV	DVD
Support	Cassette	Cassette	Cassette	Disque
Dimensions support	6,6x4,8x1,2 cm	9,4x6,1x1,4 cm	4,6x3x0,8 cm	8 cm de diamètre
Compression	DV	DV	MPEG-2	MPEG-2
Résolution TV	>500 lignes	>500 lignes	>500 lignes	>500 lignes

Choisir son caméscope

Il est parfois difficile de s'y retrouver parmi les marques et les modèles qui se partagent le marché. Les fiches techniques sont peu parlantes pour les novices et les arguments de vente ne révèlent pas toujours les atouts réels du produit. Lorsque vous achetez un caméscope, plusieurs questions se bousculent dans votre tête : est-il pratique ? Quelle est la qualité d'image ? Peut-on faire du montage ? Quelle est l'autonomie ? Y-a-t-il un mode photo ? Est-il fiable ? Voici quelques éléments de réponses pour vous aider.

HORIZONTAL OU VERTICAL ?

La première chose que l'on voit sur un caméscope, c'est son look. En traînant dans les rayons vidéo, vous remarquerez que les caméscopes épousent deux silhouettes distinctes : horizontale ou verticale.

Le caméscope horizontal adopte un design classique tout en longueur. Bien connu des vidéastes, le format horizontal a longtemps caractérisé le caméscope grand public depuis sa création dans les années 80. Ses principaux avantages sont d'offrir une bonne stabilité au poignet et la capacité à intégrer un large écran LCD. Paradoxalement, ces deux atouts constituent le principal inconvénient du caméscope horizontal : la taille et le poids qui sont relativement importants (700 g à 1 kg) face au caméscope vertical.

Le caméscope vertical est apparu à la fin des années 90 pour répondre à une demande du public qui réclamait des produits plus compacts. Moins gros et moins lourd, le caméscope à visée verticale ne dépasse guère la paume de la main et pèse entre 400 et 600 grammes. Il se glisse facilement dans un sac ou dans une poche de manteau ce qui le rend particulièrement propice au voyage. La course à la compacité est d'ailleurs loin d'être terminée entre les constructeurs. Chaque année, de nouveaux modèles font leur apparition avec des tailles de plus en plus réduites, à la limite du praticable ! Un caméscope trop petit a en effet tendance à devenir inutilisable pour des raisons de stabilité et d'ergonomie.

Certains caméscopes horizontaux sont aussi compacts que des verticaux. Ici, le Canon MV500.

Choisir son caméscope

L'ERGONOMIE

Ce caméscope est-il adapté à mon usage et à mes besoins ? Cette question est essentielle, car un caméscope difficile à utiliser a de fortes chances de rester au placard.

Le jour de l'achat, testez un modèle d'exposition pour vérifier la prise en main. Les boutons sont-ils placés à portée de l'index et du pouce (zoom, enregistrement) ? Sont-ils assez larges pour vos doigts ? Le viseur est-il orientable ? Y-a-t-il une poignée ? La finition est-elle solide ? L'éjection de la cassette s'effectue-t-elle vers le haut ou vers le bas (important si vous utilisez un trépied) ? L'écran LCD est-il assez grand ? Les commandes du magnétoscope (lecture, rembobinage) sont-elles accessibles directement sur le boîtier ou faut-il les chercher désespérément ? Le zoom est-il pratique et bien fluide ? Le viseur est-il en couleurs ou en noir et blanc ? Une fois toutes ces questions posées, vous saurez si le caméscope que vous avez sous les yeux répond à vos critères. Car il n'existe pas de caméscope parfait ! Chaque modèle et chaque gamme apporte son lot de fonctions adaptées à un usage... et à un budget.

LE CAPTEUR CCD

Le capteur CCD (abréviation de *Charged Coupled Device*) est un composant électronique qui convertit la lumière en charges électriques. Plus il comporte de pixels et plus l'image est précise.

Le capteur des caméscopes d'entrée de gamme est aujourd'hui fixé à 800 000 pixels, ce qui autorise déjà une qualité vidéo d'excellente facture. Avec un capteur de 800 000 pixels, vous obtenez une définition de 500 lignes, ce qui va bien au-delà des capacités de nos téléviseurs de salon (limités à 350 lignes). En revanche, si vous souhaitez bénéficier d'un mode photo conséquent, il faudra choisir – au minimum – un capteur d'un million de pixels. Pour mémoire, avec un capteur 1,5 mégapixels vous obtiendrez des clichés numériques d'une résolution de 1360x1020 permettant une impression papier correcte en 10x15 centimètres.

Vous pouvez également jeter un œil sur la surface du capteur, exprimée en pouces. En général, plus la surface du capteur est grande et plus il offre d'espace pour récupérer la lumière, favorisant ainsi sa sensibilité. La taille des capteurs varie de 1/6 (petite), 1/4 (moyenne) à 1/3 de pouce (grande).

Enfin, les caméscopes haut de gamme disposent de **trois capteurs CCD** (au lieu d'un seul sur les modèles classiques) analysant respectivement les trois couleurs primaires de la vidéo : le rouge, le vert et le bleu. Du coup la qualité d'image est excellente avec un rendu chromatique exemplaire. Les caméscopes tri-CCD sont chers et réservés aux vidéastes avertis, voire aux professionnels. Les coûts diminuent toutefois et Panasonic a rendu le caméscope tri-CCD plus accessible au public avec le NV-MX500 vendu 2500 € l'an dernier et doté de trois capteurs de 800 000 pixels, un fait sans précédent !

Le Panasonic NV-MX500 fut le premier caméscope tri-CCD vendu à un prix aussi bas (2500 €) avec 3 capteurs 800 000 pixels.

Tableau des capteurs CCD :

Capteur	Mono-CCD					Tri-CCD
Résolution	800 000	1 million	1,3 millions	1,5 millions	2 millions	x3
Résolutions TV	500 points/ ligne	520 points/ ligne	530 points/ ligne	530 points/ ligne	530 points/ ligne	530 points/ ligne
Mode photo	Très moyen	Moyen	Correct	Correct	Bon	Bon

LE MODE PHOTO : CARTE OU CASSETTE ?

Si tous les caméscopes possèdent un mode photo, certains enregistrent sur cassette et d'autres sur carte mémoire (SD, MMC ou Memory Stick selon les marques). La différence est majeure. Dans le premier cas, vous enregistrez une image "figée" sur la cassette MiniDV durant quelques secondes. Ce n'est pas une photo, mais une séquence d'images fixes qu'il faudra regarder sur votre téléviseur ou récupérer sur votre ordinateur comme une vidéo. De plus, la photo sur cassette se cantonne à une résolution de 768x576, ce qui limite l'usage des photos à Internet.

Dans le second cas, le caméscope enregistre la photo sur une carte mémoire, exactement comme avec un appareil photo numérique. Vous pouvez regarder les photos sur votre téléviseur, et les transférer sans problème sur votre ordinateur pour les envoyer par mail à des amis. Le mode photo sur carte est donc plus rapide et plus pratique d'autant que vous pouvez choisir la capacité de votre carte (8, 16, 32, 64 ou 128 Mo). Le mode photo sur carte est généralement intégré sur les caméscopes mégapixels qui offrent une résolution suffisante pour une impression papier 10x15 centimètres. Vous pouvez d'ailleurs choisir entre plusieurs résolutions de photos (petite ou grande). Attention, plus la qualité sélectionnée est bonne et moins la carte pourra contenir de photos.

LE FLASH ET LA TORCHE

En famille, vous serez probablement amené à filmer et à photographier des soirées d'anniversaires, des réveillons, des fêtes de Noël et des mariages dans les églises, bref dans des endroits sombres. Dans ces moments, l'utilisation d'un flash ou d'une torche peut s'avérer utile, voire indispensable. Si la torche est présente sur certains caméscopes d'entrée de gamme, le flash, lui, est intégré dans les caméscopes haut de gamme et représente un luxe. En réalité, la torche intégrée n'est pas un réel avantage. Elle est généralement peu puissante et vide une batterie en 10 minutes. Le flash en revanche, consomme assez peu d'énergie et demeure très utile pour le mode photo. Quoi qu'il en soit, ne vous formalisez pas sur ces fonctions, vous pourrez toujours achetez un flash ou une torche en option (vérifiez que votre caméscope possède une griffe porte-accessoires).

De nombreux caméscopes sont équipés d'une vision nocturne appelée "NightShot" ou "NightView". Il s'agit en fait d'une torche infrarouge placée à l'avant de l'objectif qui projette un rayonnement infrarouge à quelques mètres, permettant ainsi de filmer dans le noir complet. Le problème, c'est que l'image est en noir et blanc, légèrement verdâtre sur les modèles Sony, voire saccadée. Il s'agit d'un gadget utile mais peu esthétique pour vos films.

LE VISEUR ET L'ÉCRAN LCD

Le viseur et l'écran LCD permettent de filmer et de regarder vos cassettes. Selon les cas, l'un ou l'autre sera utilisé pour tourner. L'écran a l'avantage d'être visible de loin, d'éviter à l'utilisateur de rester l'œil collé au viseur et de filmer au dessus d'une foule. Il est toujours en couleurs et peut être orienté à 180 degrés. On peut également régler le volume et sa luminosité. Son point faible est d'être facilement ébloui par le soleil en extérieur et c'est là qu'intervient le viseur ! Ce dernier offre un cadre précis de l'image et permet de se concentrer sur ce que l'on filme. Il est noir et blanc ou en couleurs selon les modèles et parfois orientable vers le haut pour filmer en position basse. La qualité du viseur et de l'écran se mesure au rapport taille/résolution.

Pour **le viseur**, la taille est peu importante car elle est souvent la même, on se penchera donc sur la résolution. Pour mémoire, un bon viseur offre 113 000 à 180 000 pixels et il vaut mieux le choisir en couleurs.

Du côté de l'**écran LCD**, la taille comme la résolution sont variables. Compacité oblige, les caméscopes verticaux se limitent à des écrans LCD de 6,5 cm de diagonale (2,5 pouces). Sur les appareils horizontaux, les fabricants peuvent intégrer des écrans plus larges de 9 cm de diagonale (3,5 pouces) qui offrent un confort optimum pour regarder une cassette. Comme pour le viseur, plus la résolution est élevée et plus l'image est précise. Un écran de 120 000 pixels est correct et on atteint l'excellence avec 200 000 pixels.

LA FOCALE

Ce terme un peu technique désigne la largeur du champ de vision du caméscope. Paradoxalement, plus la focale est courte et plus l'angle de vision est large. Cela s'explique par le fait que la focale minimale est le point à partir duquel démarre le zoom. Un détail que mentionnent rarement les commerçants ! Il est en effet important de savoir si votre caméscope voit "grand" ou possède une vision "étroite". En pratique, cela se traduira par le fait de devoir prendre du recul pour cadrer deux personnes à table. Et plus on s'éloigne, plus le micro est loin. Pour vérifier la focale, il suffit de lire la correspondance photo en 35 mm sur la fiche technique. Plus la focale de démarrage s'approche de 35 mm et plus elle est courte (donc large). Par exemple, le Sony DCR-IP220 offre une focale de 52 - 520 mm en équivalent 35 mm. Si le Panasonic NV-GS1 annonce une focale de 40,5 - 405 mm, son angle de vue sera plus large. En fait, cette donnée est rarement mentionnée dans les magasins, mais vous pourrez consulter des revues spécialisées qui ne manquent pas de la signaler dans leurs tests (Photo & Vidéo Numérique, Caméra vidéo & multimédia).

LE ZOOM : OPTIQUE OU NUMÉRIQUE ?

Deux technologies de zoom sont présentes dans un caméscope. Le **zoom optique** permet de faire un gros plan grâce à un système de lentilles motorisées à la façon d'un appareil photo ou d'une paire de jumelle. Le **zoom numérique**, lui, grossit artificiellement une zone de l'image grâce au capteur. Ce traitement numérique occasionne un grossissement des pixels et donc une dégradation de l'image. En clair, plus le zoom numérique va loin et plus l'image devient mauvaise. Ne vous fiez donc pas aux valeurs très impressionnantes de zoom numérique (Digital zoom) mentionnées sur les caméscopes (300x, 400x ou 700x). Ne tenez compte que de la puissance du zoom optique. Sa valeur standard est de 10x et cela suffit largement. Enfin, la fluidité du bouton de zoom est également importante. Aujourd'hui tous les zooms sont à vitesse progressive : plus vous pressez le bouton et plus le zoom est rapide.

LA SENSIBILITÉ

Jusqu'à quel point un caméscope peut-il discerner un sujet en faible lumière ? Pour répondre à cette question, il suffit de jeter un œil sur le seuil de sensibilité. Ce seuil est exprimé en **lux** ; l'unité de mesure d'un éclairement (solaire ou artificiel). Plus le seuil est bas (7, 5, 2 ou 1 lux) et plus le caméscope est sensible. Un caméscope annoncé avec un seuil de 1 lux est donc particulièrement sensible. Mais vous apprendrez vite à vous méfier des informations données par les constructeurs dans ce domaine. Sachez qu'un éclairage d'1 lux équivaut à une salle plongée dans l'obscurité quasi-totale et que les constructeurs n'effectuent pas leurs mesures dans les mêmes conditions. Il vous sera donc difficile de voir quelque chose à l'image. Même dépourvue de bruit, une image est peu exploitable sous 10 lux, à savoir un éclairage de bougie.

LE STABILISATEUR D'IMAGE

La légèreté et la compacité des caméscopes ont incité les constructeurs à équiper les caméscopes d'un stabilisateur d'image. Ce stabilisateur atténue les tremblements du poignet mais pas des mouvements trop brusques. Son rôle est donc utile mais pas déterminant. Un stabilisateur ne remplacera jamais une bonne tenue du poignet ou un trépied.

Tout comme le zoom, le stabilisateur se décline en deux technologies. Le stabilisateur d'image **numérique** utilise le capteur, ce qui occasionne une légère dégradation d'image uniquement perceptible en intérieur. À l'inverse, le stabilisateur d'image **optique** utilise des lentilles amovibles pour recentrer la lumière vers le capteur et sans aucune dégradation d'image. Résultat des courses : le stabilisateur optique est rare et cher sur les caméscopes. On le trouve essentiellement sur les modèles haut de gamme alors que le stabilisateur numérique est intégré en standard sur tous les caméscopes.

L'AUTONOMIE

La batterie fournie avec le caméscope est généralement insuffisante pour un tournage de longue durée. Au mieux, vous pourrez filmer une heure, ce qui est peu. Il est donc fortement conseillé d'acheter une seconde batterie plus puissante. De cette façon, vous pourrez utiliser la première pendant que vous rechargez la seconde (à condition que le chargement se fasse sur un chargeur indépendant et non sur le caméscope). Sachez que les fonctions les plus gourmandes en énergie sont le zoom, l'écran LCD et les redémarrages successifs. La durée d'autonomie indiquée sur les fiches techniques est très théorique, car elle est basée sur un enregistrement en continu avec écran fermé.

LA GRIFFE PORTE-ACCESSOIRE

Il est toujours préférable de choisir un caméscope muni d'une griffe porte-accessoire. Celle-ci permet de fixer un micro ou une torche externe, ce qui est très pratique pour améliorer la qualité sonore. Certaines griffes sont "intelligentes", c'est-à-dire qu'elles alimentent directement l'accessoire avec le caméscope. Avec une griffe classique, il est nécessaire de joindre une batterie spécifique sur la torche, le flash ou le micro, ce qui alourdit l'appareil.

LA PRISE DV : ENTRÉE ET SORTIE

La prise DV permet de brancher votre caméscope à un ordinateur, lui-même équipé d'une prise FireWire. Cette prise existe **en sortie** sur tous les caméscopes numériques, alors que "l'entrée" DV, elle, n'est présente qu'à partir d'un certain prix. Notez bien que si la sortie DV permet de transférer de la vidéo du caméscope vers l'ordinateur pour le montage, l'entrée DV permet l'inverse, c'est-à-dire d'enregistrer son montage sur la cassette du caméscope.

Pour raccorder votre caméscope numérique à un ordinateur, vous avez besoin d'un câble FireWire (4 broches, 6 broches). Ce dernier est généralement fourni avec la carte d'acquisition vidéo.

En réalité, tous les caméscopes numériques possèdent une entrée DV, celle-ci est simplement bridée pour des raisons de taxation européenne. Vous pouvez essayer d'activer l'entrée DV de votre caméscope grâce à un petit boîtier appelé "Sésame", qui se branche sur la prise Lanc du caméscope (Sony, Canon). Cette opération est toutefois délicate car elle peut provoquer des dommages irréversibles et faire sauter la garantie. Il est préférable d'investir directement dans un modèle avec entrée DV.

Le débrideur Sésame ouvre l'entrée DV de votre caméscope (Sony, Canon).

LES EFFETS SPÉCIAUX

Tous les caméscopes numériques comportent leur bonus d'effets spéciaux. Les incontournables effets sépia (filtre orange), mosaïque (petits carrés), noir et blanc, solarisation et cinéma (bandes noires collées sur l'image) sont fournis en standard. Ils sont toujours amusants dans un film mais sachez que vous pourrez les appliquer a posteriori lors du montage.

Les caméscopes numériques sont dotés d'un mode 16:9. Attention, il s'agit plus d'un gadget que d'une réelle vision panoramique. Le caméscope incruste une bande noire en haut et en bas de l'image qui masque une partie du champ. Méfiez-vous donc des imitations...

L'ordinateur de montage

Le montage vidéo est sans doute l'activité informatique requérant la plus puissante configuration avec le graphisme. Financièrement inabordable pour les particuliers il y a quelques années, l'ordinateur de montage a désormais acquis droit de cité dans les magasins.

LA CONFIGURATION IDÉALE

Voici les quatre éléments dont votre ordinateur a besoin pour faire du montage :

- un disque dur grande capacité,
- de la mémoire vive,
- un processeur puissant,
- une carte d'acquisition vidéo.

Le disque dur

Le disque dur contient toutes les données que vous enregistrez lors du montage (projet, vidéos, sons), sa capacité s'exprime en gigaoctets (Go). Chaque clip vidéo issu de votre caméscope DV occupe une place considérable. Pour mémoire, 1 minute de DV représente 220 mégaoctets (Mo) sur un disque dur ! Il est donc impératif de posséder un disque d'au moins **20 Go** pour monter confortablement un film d'une heure. Rassurez-vous, la plupart des ordinateurs vendus intègrent des disques d'au moins **40** à **60 Go**, y compris les ordinateurs portables.

Par ailleurs, si votre ordinateur actuel possède un disque insuffisant, vous pouvez toujours le remplacer ou même installer un second disque dur que vous utiliserez spécifiquement pour la vidéo. Ce type d'installation permet d'optimiser l'accès aux données par le système d'exploitation puisque la tête de lecture trouve les fichiers vidéo physiquement regroupés au même endroit sur le disque. Une fois votre montage terminé, vous pouvez formater le disque et repartir sur une nouvelle base. Si vous ne possédez qu'un seul disque et travaillez sous Windows, veillez à **défragmenter** de temps en temps votre disque dur pour ordonner les fichiers. Pour cela, il suffit de choisir **Démarrer - Programmes - Accessoires - Outils système - Défragmenteur de disque**.

La vitesse de rotation du disque doit être suffisamment rapide pour pouvoir accéder aux données : un disque de **7200 tours/minute** est vivement conseillé, en dessous les opérations de montage seront très lentes.

Enfin, tenez compte de la place qui sera occupée par d'autres fichiers et programmes que vous installerez sur votre machine (Office, Photoshop). Il faut parfois prévoir 30% d'espace supplémentaire par rapport à l'espace occupé par vos images.

Le Maxtor 5000DV offre 120 Go d'espace disque, soit 9 heures de DV.

Les possesseurs d'iMac (dont la coque est inamovible) ou d'ordinateurs portables à faible capacité investiront de préférence dans un disque dur externe qui se branche sur le port FireWire de l'ordinateur. Le disque externe coûte plus cher qu'un disque interne mais il a l'avantage d'être mobile et de s'installer facilement.

La mémoire vive

La mémoire vive garde en mémoire les données temporaires de l'ordinateur, comme l'affichage d'une image ou la copie d'un élément. Physiquement, la mémoire vive est une barrette qui s'insère sur la carte mère de votre ordinateur. Plus la mémoire vive est importante et plus le montage est fluide. On considère qu'un minimum de **128 Mo de mémoire vive** (appelée aussi RAM pour Random Access Memory) est requis. Mais pour des projets longs et sophistiqués, optez plutôt pour **258** à **512 Mo de RAM**.

L'ordinateur de montage

Le processeur

C'est un peu le muscle de votre machine. Lors du montage, les transitions, les titres et les effets spéciaux nécessitent un rendu, c'est-à-dire un calcul ; or, plus le processeur est puissant et plus le calcul est rapide. La fluidité de la vidéo et de l'affichage des images sur le moniteur de contrôle dépend également de la puissance du processeur. Si un processeur de 400 mégahertz (MHz) est suffisant, mieux vaut profiter des processeurs actuels cadencés à **1**, **2**, voire **3 GHz** (le dernier en date) d'autant que les solutions de montage sont de plus en plus optimisées pour ces derniers.

La carte mère

La carte mère gère l'ensemble des ressources de l'ordinateur (cartes PCI, lecteurs CD, disque dur, mémoire vive etc.). En vidéo numérique, il vaut mieux éviter qu'elle entre en conflit avec les autres périphériques. Il convient donc de vérifier sa compatibilité et de télécharger les dernières mises à jour du pilote sur Internet, si vous comptez assembler votre ordinateur ou le faire évoluer.

Le moniteur

La qualité du moniteur est importante lors du montage car vous risquez fort de rester devant durant des heures ! Il est toujours plus agréable de travailler devant un grand écran. L'interface des logiciels de montage type Premiere 6 ou Final Cut Pro est souvent bardée de fenêtres de navigation et d'outils sans parler de la time line et du chutier. Il convient donc de posséder un écran d'au moins 17 pouces pour loger tous ces éléments. L'idéal est de posséder un moniteur dédié à la prévisualisation des vidéos et l'autre à l'interface de montage, mais cela requiert une carte graphique adaptée. Toutefois, certains logiciels amateurs type iMovie d'Apple ou Studio 8 de Pinnacle, fonctionnent avec une taille plus réduite de 15 pouces.

Depuis l'année 2002, les écrans LCD envahissent de plus en plus les rayons et sont vendus en standard avec certains ordinateurs. Leur qualité d'affichage et leur compacité (ils sont plats) sont très appréciés, d'autant que leur coût a considérablement baissé, pourquoi ne pas en profiter ?

Monter avec un portable

Les ordinateurs portables sont aujourd'hui aussi puissants que les unités centrales de bureau. Les derniers portables ont des processeurs cadencés à 2 GHz avec des disques durs de 30 à 40 Go et une interface FireWire pour brancher un caméscope. Les constructeurs sont nombreux à proposer des PC portables optimisés pour la vidéo. Apple n'est pas en reste avec sa gamme de PowerG4 Titanium, dotés d'un écran 16:9 et fournis en standard avec les logiciels iMovie et Final Cut Pro.

L'ordinateur de montage

Enfin, si votre ordinateur portable est suffisamment puissant pour le montage mais qu'il est dépourvu de prise FireWire, vous pouvez toujours lui adjoindre **une carte au format PCMCIA**. Un peu plus coûteuse que la carte IEEE1394, la carte PCMCIA est dotée d'un port FireWire et reçoit aussi bien un caméscope DV qu'un disque dur externe.

Faut-il acheter ou monter soi-même ?

À moins que vous n'ayez de solides connaissances en informatique, nous vous conseillons fortement d'investir directement dans un ordinateur prêt au montage. Cela est d'autant plus conseillé que les fabricants vendent des machines sur mesure et livrées clé en main avec carte d'acquisition vidéo, logiciel de montage et graveur intégré à des prix nettement plus abordables qu'il y a quelques années. En vous équipant d'un ordinateur dédié, vous serez certain de ne pas buter sur des problèmes de configuration ou d'incompatibilité matérielle. Apple avec son iMac, Packard Bell avec la gamme iXtreme, et Sony avec le VAIO proposent des ordinateurs totalement dédiés au montage y compris en version portable, il ne vous reste qu'à choisir.

Packard Bell commercialise des PC totalement configurés pour le montage vidéo.

LES CARTES D'ACQUISITION VIDÉO

La carte d'acquisition vidéo est un élément fondamental de l'ordinateur de montage. Il convient de lui consacrer une attention particulière.

Attention, ne confondez pas la "carte d'acquisition vidéo" avec la "carte vidéo" qui est une carte graphique gérant l'affichage 2D et 3D du moniteur.

Pour brancher votre caméscope à l'ordinateur et récupérer vos vidéos, vous aurez besoin d'une carte d'acquisition. Cette carte s'installe sur un port PCI de la carte mère et comprend des prises dites FireWire. La **prise FireWire** est incontournable en vidéo. Elle représente un véritable sas de communication et de transfert entre l'ordinateur et votre caméscope numérique, assurant un débit de 400 Mégabits/seconde (Mbps). Grâce à elle, vous pouvez piloter votre caméscope (lecture, rembobinage) directement à partir de l'interface du logiciel.

Il existe principalement trois types de cartes d'acquisition.

Les cartes FireWire standard dites OHCI (Open Host Controller Interface)

Elles ne nécessitent pas de pilote spécifique car elles sont automatiquement reconnues par Windows (qui contient déjà les pilotes). Elles reçoivent aussi bien les caméscopes que les périphériques externes FireWire tels qu'un graveur, un disque dur ou un scanner. Enfin, elles sont les moins chères.

Quelques produits :

Hercules DV Action! DVD Edition

La DV Action ! DVD Edition comporte trois connexions FireWire, le logiciel Vidéo Studio 6.0 et un plug-in de création DVD.

Véritable référence parmi les cartes FireWire d'entrée de gamme, la DV Action! d'Hercules permet l'acquisition DV grâce à ses trois ports FireWire. Le logiciel VideoStudio est fourni avec des fonctions de montage complètes et la compression MPEG-1 et MPEG-2 pour faire ses propres VCD et DVD.

Pinnacle Edition DV

Un peu plus coûteuse, cette carte d'acquisition possède deux ports FireWire et un logiciel de montage Pinnacle baptisé Edition DV. La carte intègre un système de dérushage complet et professionnel. Les effets de transitions et de filtres sont calculés en tâche de fond, permettant ainsi à votre PC de gérer plusieurs tâches à la fois. Prix : 699 €.

Et aussi :

- Pinnacle Studio DV
- Ennyah DigiFIreWire 1394

Les cartes d'acquisition analogiques/numériques

Ces cartes comportent des entrées/sorties numériques (FireWire) et analogiques (Composite) pour capturer de la vidéo à partir d'un caméscope DV mais aussi d'un caméscope Hi-8 ou d'un magnétoscope VHS. Cela est intéressant si vous souhaitez numériser vos anciennes cassettes et les compiler sur DVD, par exemple.

La carte Canopus IEEE 1394

Quelques produits :

- Canopus IEEE 1394
- Pinnacle DC10+
- Matrox RTX10

Les cartes d'acquisition "temps réel"

Plus coûteuses, elles intègrent un petit processeur qui va soulager le processeur central en assurant une partie des tâches de calculs (compression, effets spéciaux etc.) et les appliquer instantanément. Elles sont fournies avec un pilote spécifique, un logiciel de montage puissant, un boîtier de raccordement analogique/numérique et s'adressent aux monteurs avertis.

La carte Matrox RTX100

Quelques produits :

Pinnacle Edition DV 500

Cette solution offre la célèbre carte d'acquisition vidéo Pinnacle DV500 dotée d'une prise DV et d'un boîtier de connexion externe avec entrées/sorties numériques et analogiques. Associée au logiciel Edition DV, la carte offre tous les avantages du temps réel pour les transitions et les filtres 2D de la bibliothèque. Le boîtier permet également la lecture sur moniteur TV afin de mieux contrôler les effets. Les effets plus complexes en 3D sont calculés en tâche de fond. Prix : 899 €.

MatroxRTX100

La carte RTX100 comporte les entrées/sorties FireWire et analogiques composite. Elle est taillée pour les configurations puissantes (Pentium IV 1,5 GHz et 512 Mo de RAM). Elle ne fonctionne que sous Windows 2000 ou XP. L'installation seule des logiciels et pilotes nécessite 500 Mo d'espace disque. Elle intègre un codec matériel pour la compression et l'application d'effets en temps réel, un logiciel spécifique de capture Matrox MediaTools avec dérushage automatique et le célèbre logiciel de montage Premiere 6.5. Prix : 1386 €.

Et aussi :

- Canopus DV Storm 2
- Pinnacle Pro-One RTDV
- Matrox RT2500

Les cartes d'acquisition sont généralement vendues avec un logiciel de montage (appelés Bundles). Il est souvent plus rentable d'acheter le logiciel avec la carte qu'en solo.

LE SYSTÈME D'EXPLOITATION

Quel Windows ?

De nombreuses personnes se demandent quel système d'exploitation est le plus performant pour faire du montage. Dans l'univers PC, vous pouvez faire du montage sous Windows 98SE (Second Edition), Windows Me (Millennium), Windows 2000 et plus récemment Windows XP. Évitez d'utiliser les versions Windows 95 ou Windows 98 première édition qui ne gèrent pas les cartes d'acquisition FireWire standard.

Parmi tous ces systèmes, les plus performants en vidéo sont Windows 2000 et Windows XP. Ces deux systèmes sont fondés sur la technologie NT qui offre une meilleure stabilité et qui, par rapport aux versions antérieures, ne limitent pas la taille des fichiers à 4 Go (qui empêchait les utilisateurs de capturer un film supérieur à 18 minutes en une seule passe). Enfin, Windows XP a l'avantage de reconnaître la plupart des périphériques (caméscope, appareil photo) sans installation préalable du pilote.

L'ordinateur de montage

L'univers Mac OS

Le Mac n'a rien à envier au monde PC. Apple a largement contribué à l'émancipation de la vidéo numérique dans les foyers en lançant le iMac intégrant l'interface FireWire en standard et le logiciel de montage amateur iMovie. Le iMac est typiquement l'ordinateur dédié à ceux qui ne veulent pas se compliquer la vie et bénéficier d'un bon rapport design/performance. Le nouvel iMac intègre un nouveau processeur G4, le système Mac OS X qui reconnaît pratiquement tous les périphériques externes et un magnifique écran plat orientable. De quoi craquer.

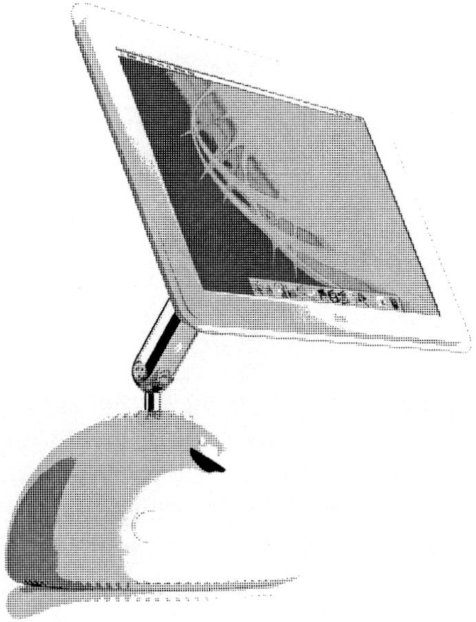

Le iMac G4 d'Apple.

Depuis 2002, la connexion FireWire initialement développée par Apple est concurrencée par l'interface USB 2.0 qui offre un transfert plus rapide des données avec un débit de 480 Mbps/sec (contre 400 Mbps en FireWire). La prise USB 2.0 commence à se généraliser sur de nombreux périphériques (scanners, graveurs, disques durs) mais comme avec le FireWire, votre ordinateur doit posséder lui-même une carte USB 2.0 pour recevoir le signal. Or, peu d'ordinateurs possèdent cette interface à l'heure actuelle. Une tendance qui va probablement changer.

MONTER SANS ORDINATEUR

Faire du montage implique une connaissance familière de l'ordinateur. Or, certaines personnes ne sont pas forcément habituées à l'informatique, voilà pourquoi des fabricants ont conçu des appareils exclusivement dédiés au montage vidéo.

Casablanca AVIO II de Macro System

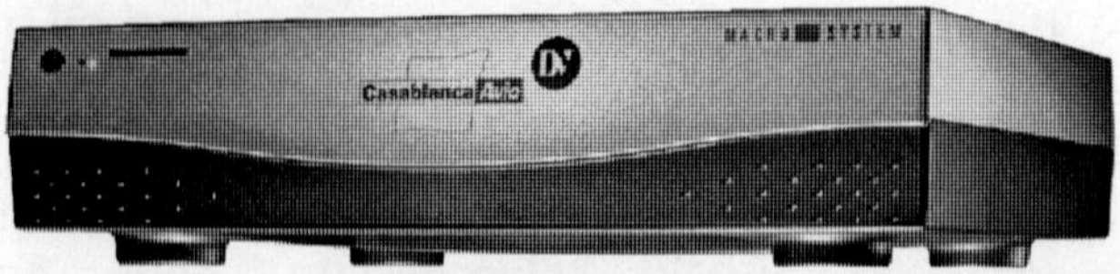

Le Casablanca AVIO.

Tout comme un ordinateur classique, le Casablanca est doté d'un disque dur et d'un processeur à la différence qu'il possède un seul programme de montage qui se lance dès l'allumage. Il se branche directement sur un téléviseur et une souris. Son prix est toutefois plus élevé qu'un ordinateur à performances égales.

Enregistreur Sony GVD

Le Sony GVD-1000.

D'autres appareils sont également utilisés pour le montage nomade comme la série des GVD-900 et GVD-1000 de Sony qui sont des lecteurs/enregistreurs MiniDV portables avec transitions, titres et doublage son. Leur connexion comporte une entrée/sortie DV et ils possèdent un écran LCD pour contrôler l'image. Outre des fonctions de montage, ce type d'appareil vous permet de lire vos cassettes MiniDV et d'économiser les têtes magnétiques de votre caméscope.

Il existe également des enregistreurs numériques de salon sur DVD ou disque dur. Ces appareils permettent un montage simple et efficace. On peut citer le Samsung DVD-H 40 qui contient un lecteur de CD/DVD et un disque dur de 40 GO, le JVC HM-HDS-3 MS qui possède également un disque dur de 40 Go combiné à un lecteur de cassettes S-VHS (la copie de l'un à l'autre est possible), hélas il ne possède pas d'entrée DV.

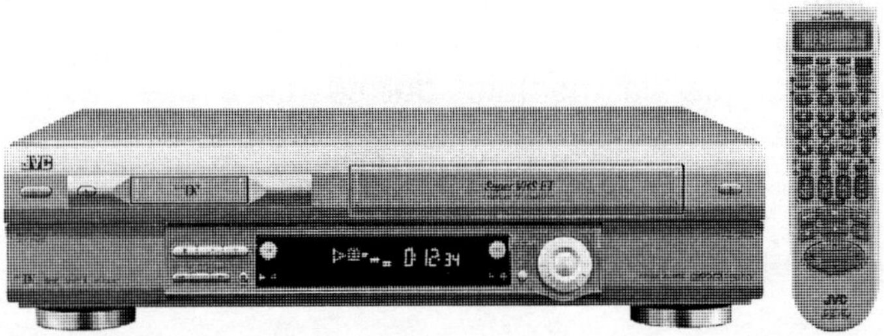

Le JVC HM-HDS-3MS combine un disque dur à un lecteur VHS avec des fonctions de montage.

3e Partie

Montage du film

Le logiciel de montage

Avec la vidéo analogique, le montage était linéaire. Il fallait mettre bout à bout des plans provenant du caméscope et les recopier sur un magnétoscope. Cette méthode était laborieuse, car si la moindre erreur de montage avait lieu au milieu du projet, il fallait tout recommencer. Cet assemblage de séquences se traduisait par des insertions de plans en milieu de bande. Avec le numérique, tout a changé ! L'ordinateur a littéralement révolutionné les techniques de montage en permettant d'une part de transférer ses vidéos sans perte, d'autre part d'organiser ses plans dans n'importe quel ordre chronologique : c'est ce que l'on appelle le montage non linéaire.

Qu'est-ce qu'un logiciel de montage ? Il s'agit d'un programme informatique qui va vous permettre de capturer, monter et exporter votre film numérique. Il en existe beaucoup et à différents prix. Le plus cher n'est pas forcément le mieux adapté à vos besoins.

POURQUOI MONTER ?

Voici trois bonnes raisons de monter un film :

1. Votre cassette comporte des séquences sans intérêt, mal cadrées ou floues.
2. Vos amis ne supportent pas de rester plus d'une demi-heure devant vos films de vacances.
3. Vous souhaitez raconter une histoire et donner un sens à vos images.

Le montage est à la fois une opération de nettoyage, de sélection du meilleur et de narration. On ne s'improvise pas monteur du jour au lendemain et même si le matériel est plus abordable qu'autrefois, le montage, lui, reste un travail délicat.

Le montage demande avant tout du temps, il s'agit sans doute du principal frein à son émancipation dans les familles. Même si les éditeurs ont tout fait pour faciliter la vie de l'utilisateur en créant des logiciels simples et intuitifs, il faut des heures pour monter un film.

La valeur du montage est toutefois indéniable. Quoi de plus agréable que de découvrir un film titré, avec de la musique et des plans courts ? Le monde qui nous entoure se concentre de plus en plus vers l'essentiel. Le cinéma, les informations et la vie sociale nous habituent à des rythmes rapides, percutants et intenses.

Au final, si vous faites preuve de patience, de persévérance et de créativité, votre film brut de vos vacances en Egypte peut devenir un magnifique reportage ou une superbe fiction émouvante et touchante. Les rires, l'attention et les applaudissements du public sont la récompense.

LES LOGICIELS POUR DÉBUTER

Il y a quelques années, les logiciels de montage étaient réservés à une caste de monteurs professionnels ou d'amateurs fortunés. Aujourd'hui, le grand public peut enfin s'adonner aux joies du montage à moindre frais. L'offre très variée de logiciels est intimement liée à l'augmentation des ventes de caméscopes numériques, qui a fait naître de nouveaux besoins tels que le montage, la création de DVD et la diffusion vidéo sur Internet.

Que permet de faire un logiciel de montage basique ? En clair, tout ce que l'on peut attendre : de la capture, des titres, des transitions, des effets spéciaux, du découpage, de l'enregistrement sur bande et plus récemment de la gravure sur CD et DVD. Mais le véritable atout des logiciels d'entrée de gamme est leur simplicité. Au niveau de l'acquisition vidéo, les logiciels découpent automatiquement votre film en détectant chaque scène, ce qui fait gagner un temps précieux puisque vous n'avez plus qu'à sélectionner les clips qui vous conviennent. Durant le montage, les titres sont proposés avec des couleurs, des polices et des mouvements prédéfinis. Il existe une foule de transitions en deux ou trois dimensions avec des effets très amusants qui se calent parfaitement dans un film de mariage ou d'anniversaire. Les effets spéciaux permettent de changer la couleur des images et d'ajouter des objets (étoiles, lasers) mais aussi des bruitages fantaisistes (klaxon, tonnerre, applaudissements, cris d'animaux etc.). Toutes ces fonctions s'appliquent facilement : vous n'avez qu'à choisir votre effet et le déposer sur le clip. Enfin, concernant l'exportation, vous avez l'embarras du choix entre l'enregistrement sur cassette Mini-DV, sur CD-Rom et même sur DVD avec la conception de menus interactifs !

Abus d'effets spéciaux, méfiance...

Les effets spéciaux sont des fonctions spectaculaires qui impressionnent le débutant. Lors de vos premiers montages, vous aurez tendance à barder votre film d'images volantes qui "explosent "ou à écumer tous les titres 3D de la bibliothèque. Avec le temps et l'expérience, vous vous lasserez vite de ces effets et vous comprendrez que les transitions et les titres les plus sobres sont souvent les plus efficaces. Les monteurs professionnels le savent bien et clament "qu'un bon *cut* vaut mieux qu'une mauvaise transition". Enfin, souvenez-vous que le montage ne rattrape pas un film mal cadré et flou. Avant d'apprendre à monter, il faut apprendre à filmer...

Quelques logiciels pour débuter :

Le logiciel VideoStudio 6 de Ulead.

Ulead VideoStudio 6

Un logiciel simple, doté d'une interface style "rétro" et des fonctions complètes de titrage, transition et capture par dérushage automatique. Le "plus" réside dans la réalisation de DVD-Vidéo avec menus interactifs.

Pinnacle Studio 8

Studio est une référence chez les logiciels amateurs. Sa grande force réside dans son interface extrêmement intuitive. L'utilisateur bénéficie de plusieurs pistes audio et vidéo pour son montage et les calculs d'effets s'effectuent en tâche de fond. Création de menus DVD et compatibilité avec le caméscope MicroMV sont à la clé.

VideoWave 5

Ici, pas de *time line* classique mais un système de *storyboard* par vignettes pour organiser ses clips. VideoWave intègre un filtre de correction colorimétrique et une option d'incrustation par suppression d'une couleur. Son talon d'Achille concerne l'audio qui manque cruellement d'outils.

IMovie 3 (sur Mac)

Fourni en standard sur les machines Apple, iMovie a largement fait ses preuves depuis la version 2. Interface simple, titres, effets spéciaux et compression QuickTime intégrée pour l'exportation sur CD et Internet sont au programme. La version 3 bénéficie de plusieurs pistes vidéo/audio et une interaction totale avec iPhoto, iDVD et iTune du même fabricant.

LES LOGICIELS POUR ALLER PLUS LOIN

Vous pouvez très bien continuer à monter sur des logiciels simples si votre intérêt pour la vidéo se limite à un usage familial. En revanche, si vous souhaitez réaliser des fictions et des reportages de qualité professionnelle, vous éprouverez un jour le besoin de travailler avec des logiciels plus pointus. Ces derniers offrent une ergonomie et des fonctions personnalisables. Plus question ici d'appliquer des effets prédéfinis et des titres jaune fluorescent, place à la création ! L'interface des logiciels "avertis" est souvent plus complexe. Il faut ouvrir les onglets pour trouver l'éditeur de titre et cliquer droit pour trouver la fonction ralenti... Vous pouvez ajouter des dizaines de pistes pour superposer des couches vidéo, audio et même graphiques. Le montage est aussi plus précis (à l'image près), on peut jouer sur la colorimétrie des plans, étalonner le son etc.

Quelques logiciels :

Adobe Premiere 6.5

Star incontestée du montage vidéo, Premiere est un outil puissant et complet à tous les niveaux. Il est possible de débuter sur ce type de logiciel, mais l'apprentissage sera plus long et plus difficile. La version 6.5 apporte quelques effets spéciaux en temps réel et une table de mixage audio.

Ulead Media Studio Pro 6.5

Logiciel d'édition vidéo, Media Studio Pro comprend un logiciel de création DVD, un encodeur MPEG-2, la capture DV illimitée (supérieur à 4 Go) et la détection automatique de scènes.

Pinnacle Edition DV

Ce nouveau venu du montage vidéo s'impose aujourd'hui comme une solution performante. Il intègre un titreur haut niveau avec un calcul des effets de filtres et de transitions en tâche de fond. Le logiciel nécessite toutefois une configuration puissante avec un bi-processeur Pentium IV pour profiter pleinement de ses ressources.

Final Cut Pro 3 (Mac)

Très apprécié des monteurs indépendants, Final Cut Pro a imposé dès son lancement ses performances très abouties. Capture par lot, gestion 16:9, déplacement d'images, correcteur colorimétrique, effets temps réel et vecteurscope sont fournis. Un must du montage sur Mac !

L'interface de Final Cut Pro 3

Le logiciel de montage

QU'EST-CE QUE LE TEMPS RÉEL ?

Le temps réel est un terme très en vogue dans la vidéo. Tous les fabricants se sont mis au diapason en intégrant des effets temps réel dans leurs solutions de montage. Cette notion définit la possibilité d'appliquer et de cumuler instantanément les opérations de correction d'image, de transition et de titrage sur la ligne de temps. La capture vidéo depuis le caméscope doit se faire en direct en DV natif c'est-à-dire sans compression.

La puissance des processeurs actuels (2,5 à 3 GHz) permettent aux logiciels de montage d'en tirer profit pour faire du temps réel. C'est le cas de la carte Matrox RT-X10, qui ne se limite pas à une cadence fixe du processeur mais s'adapte à l'évolution de sa puissance. En clair, plus votre processeur est puissant et plus vous bénéficiez d'effets en temps réel.

L'INTERFACE D'UN LOGICIEL DE MONTAGE

- S'il existe une grande variété de logiciels de montage, tous reprennent à peu près la même interface. Dans cet exemple, nous avons choisi celle de Studio 8 de Pinnacle.

Le **chutier** : c'est la fenêtre dans laquelle sont stockés tous vos clips.

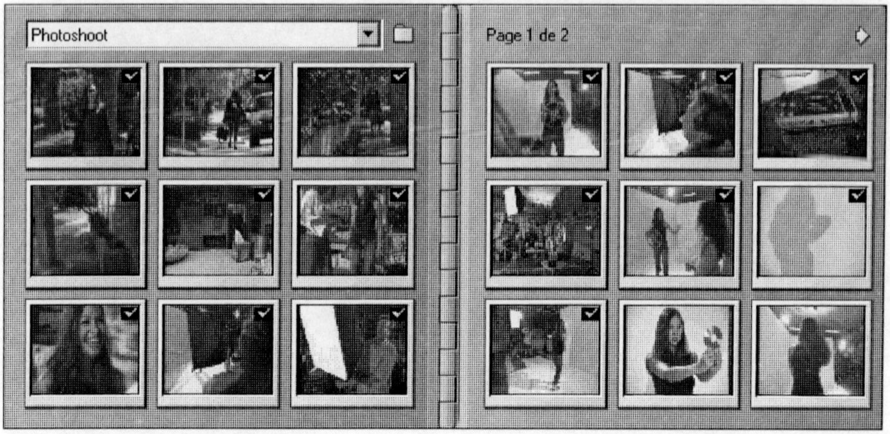

Le logiciel de montage

La **ligne de temps** (ou *time line*) : à la façon d'une bobine de film déroulée, c'est là que vous déposez vos clips, vos titres et vos transitions.

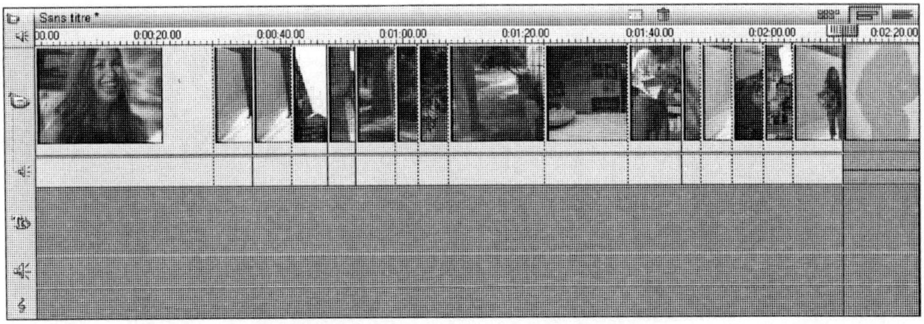

Le **moniteur de contrôle** : c'est lui qui affiche la vidéo en lecture ou en acquisition.

DÉBOUCHÉS DU LOGICIEL DE MONTAGE

La plupart des logiciels de montage ne se contentent plus de capturer et monter de la vidéo. Ils peuvent également importer des photos numériques en JPEG, réaliser des diaporamas, compresser des vidéos pour Internet et réaliser des menus interactifs pour Vidéo CD/DVD. Cette polyvalence est surtout présente sur les logiciels d'entrée de gamme pour débutants. En montant dans l'échelle de prix, les logiciels se spécialisent et se perfectionnent compte tenu de l'exigence des utilisateurs. On trouvera donc un logiciel pour le montage, un pour la compression vidéo et un autre pour la gravure DVD.

Monter avec Studio 8

Studio 8 de Pinnacle est un logiciel de montage à la fois simple et complet. Il permet de capturer des vidéos, de poser des titres, des transitions, d'ajouter de la musique, de faire des ralentis/accélérés et de modifier la colorimétrie des images.

La première étape consiste à transférer la vidéo de votre caméscope vers l'ordinateur. Studio 8 ne se contente pas de capturer la vidéo, il détecte automatiquement chaque scène en créant un clip à chaque fois que vous avez enregistré une séquence. C'est ce que l'on appelle le dérushage automatique.

CAPTURER LA VIDÉO

- Après avoir lancé l'application, cliquez sur l'onglet **1 Capturer**.

  Vous pouvez piloter votre caméscope en appuyant sur les touches virtuelles du caméscope en schéma.

  Le disque à droite indique l'espace de stockage et la durée disponible sur votre disque dur.

- Veillez à ce que l'option **Acquisition vidéo numérique** de la fenêtre visible en bas à droite soit active.
- Cliquez sur le bouton de lecture de votre caméscope pour lancer la cassette puis cliquez sur le bouton **Capture** visible dans la fenêtre en bas à droite.

  La fenêtre Capturer la vidéo apparaît à l'écran.

- **Donnez un nom à cette capture** dans la zone de saisie correspondante.
- Spécifiez, dans les zones correspondantes, au bout de combien de **minutes** et de **secondes** la capture doit être arrêtée.

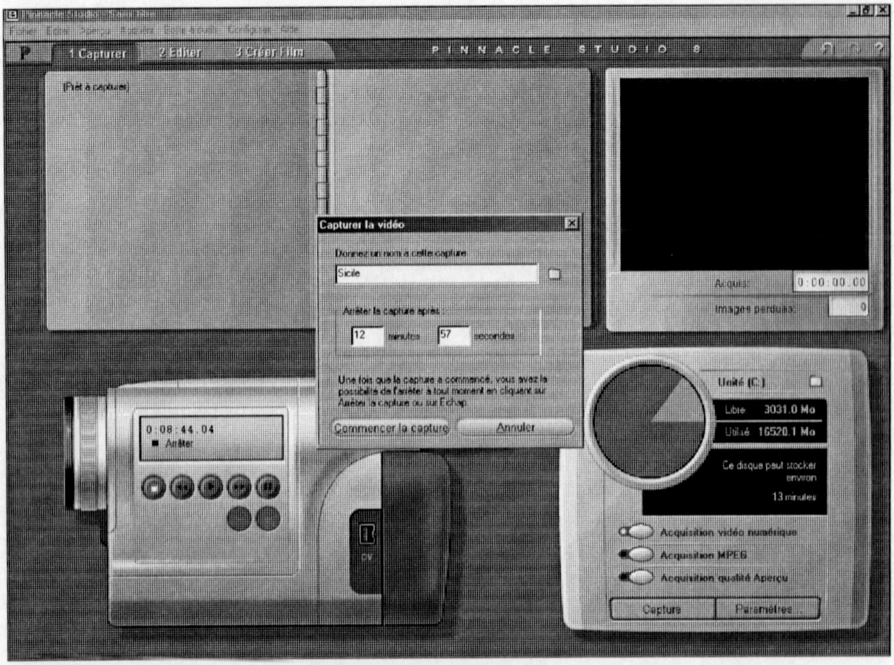

- Cliquez sur le bouton **Commencer la capture**.

Studio enregistre la vidéo et dépose successivement chaque clip dans la bibliothèque en haut à gauche.

DÉPOSER LES CLIPS

- Une fois vos vidéos capturées, cliquez sur l'onglet **2 Editer** pour accéder à l'interface de montage.

C'est dans cet espace que vous effectuez l'essentiel du travail.

Vous retrouvez vos clips dans la bibliothèque sous forme de vignettes.

- Pour lire un clip, sélectionnez sa vignette puis cliquez sur le bouton de lecture ▶ situé sous le moniteur de contrôle à droite ou appuyez sur la barre d'espacement de votre clavier.

Monter avec Studio 8

- Pour chaque clip à déposer sur la ligne de temps, sélectionnez la vignette correspondante puis faites-la glisser dans la fenêtre de montage, sur la piste vidéo symbolisée par l'icône .

Vous pouvez bien sûr déposer chaque clip dans l'ordre que vous souhaitez.

Studio 8 applique une encoche verte sur les vignettes déjà utilisées sur la piste, ceci afin d'éviter des doublons.

La base du montage consiste à élaguer les plans trop longs et à ajuster une séquence.

COUPER UN CLIP

- Faites un double clic sur le clip à couper.

L'outil de découpage s'ouvre avec deux "cutters", celui de gauche fixe le point d'entrée, celui de droite fixe le point de sortie.

- Déplacez les curseurs ("cutters") en fonction de la coupe à réaliser.

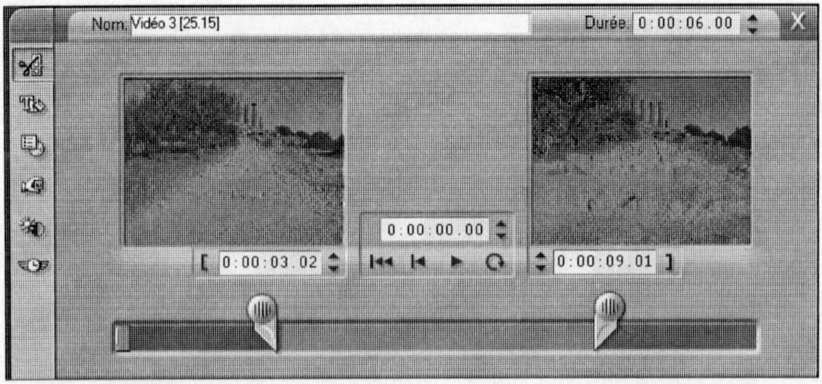

- Lorsque votre coupe est faite, cliquez sur le bouton de fermeture X.

La coupure d'un clip est virtuelle, elle n'est jamais définitive puisque le rush initial est toujours sur votre disque dur. Vous pouvez donc à tout moment revenir en arrière et rétablir les points d'entrée/sortie.

Il est toujours intéressant de pouvoir insérer un titre au début de votre film.

CRÉER UN TITRE

- Veillez à ce que l'onglet **2 Editer** soit sélectionné puis cliquez sur le bouton.

  Pour vous simplifier la vie, Studio intègre une liste de titres prêts à l'emploi. Il vous suffit d'en choisir un et de le modifier à votre convenance.

- Sélectionnez la vignette correspondant au style de titre que vous souhaitez créer puis faites-la glisser dans la fenêtre de montage, sur la piste de titre symbolisée par l'icône.
- Si la piste de titre n'est pas visible, cliquez sur le bouton.
- Faites un double clic sur la vignette du titre que vous venez d'insérer dans la fenêtre de montage afin d'ouvrir l'interface d'édition de titre.

- Sélectionnez le texte, supprimez-le à l'aide de la touche Suppr puis utilisez les méthodes standard de saisie de texte pour saisir le nouveau texte.

- Vous pouvez modifier la présentation du texte en le sélectionnant puis en appliquant un des styles proposés sur la droite de l'écran.
- Cliquez ensuite sur **OK**.

Vous pouvez également créer vos propres titres en choisissant la couleur, la police, la position et la taille des caractères et l'incruster directement sur un clip : pour cela, double cliquez sur le clip puis cliquez sur l'icône puis sur le bouton Incrustation de titre. Vous accédez ainsi directement à l'éditeur de titre : sélectionnez un style, une police, une taille..., tapez votre titre puis cliquez sur OK.

Les transitions permettent de contrôler la façon dont se fait le passage d'un clip à un autre clip lors de la lecture du film.

APPLIQUER UNE TRANSITION

- Veillez à ce que l'onglet **2 Editer** soit sélectionné puis cliquez sur le bouton .
- Ouvrez la liste visible dans la partie supérieure puis sélectionnez le type de transition souhaité.

Les **Transitions standard** ne nécessitent aucun calcul : fondu, dissolution, volet, mosaïque... Les transitions **Hollywood FX Demo** sont plus élaborées, en 2 ou 3 dimensions et nécessitent un temps de calcul. Heureusement, la grande force de Studio 8 est d'effectuer ces calculs **en tâche de fond** vous permettant d'effectuer d'autres travaux de montage (création de titres par exemple) pendant ce temps.
Veillez néanmoins à ne pas cumuler trop de calculs au même moment car même en tâche de fond, le rendu des effets utilise des ressources de votre processeur et ralentit sa vitesse.

Chaque effet de transition est présenté dans le moniteur lorsque vous sélectionnez la transition.

- Pour appliquer une transition, sélectionnez-en une et faites-la glisser entre deux clips sur la piste.
- Vous pouvez vérifier le résultat final en lançant la lecture du clip.

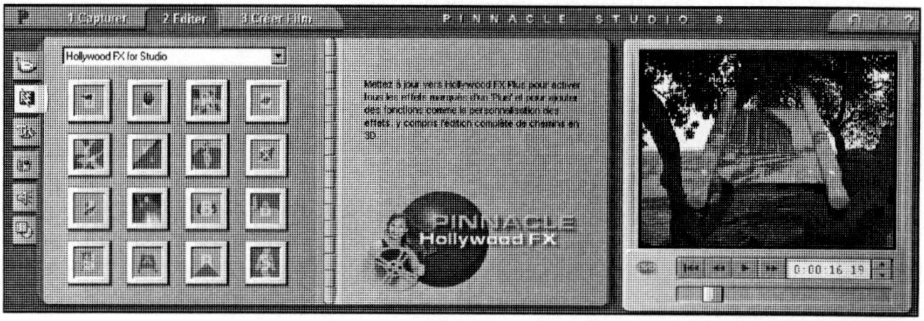

L'ajout de musique, de commentaires ou de bruitages apporte une émotion et un sens à votre film.

AJOUTER DU SON

Ajouter une musique

Studio 8 dispose d'un petit stock de musiques libres de droit (classique, jazz, rock).

- Ouvrez le menu audio en cliquant sur l'icône visible à gauche de la ligne de temps de la fenêtre de montage.

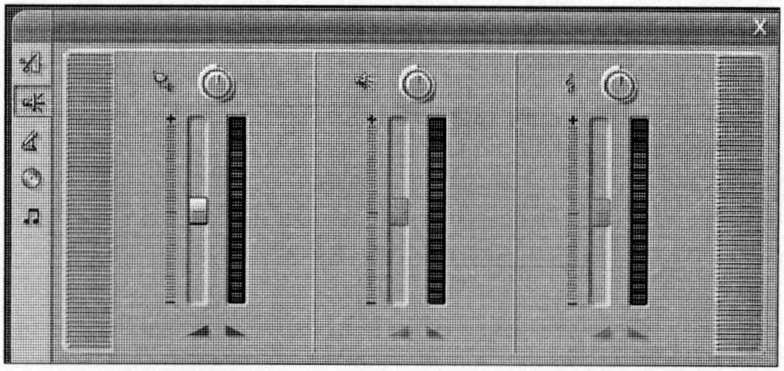

- Cliquez sur l'icône .

La liste des fichiers musicaux apparaît.

- Pour écouter l'introduction d'un morceau, sélectionnez-le puis cliquez sur le bouton **Aperçu**.
- Lorsque vous avez trouvé votre bonheur, sélectionnez le fichier et cliquez sur le bouton **Ajouter au Film** : le morceau est automatiquement déposé sur la piste audio.
- Pour ajouter de la musique à partir d'un CD audio présent dans votre lecteur de CD-Rom, cliquez sur l'icône et sélectionnez la piste qui vous intéresse dans la liste correspondante. Puis coupez éventuellement une partie du morceau à l'aide du cutter.

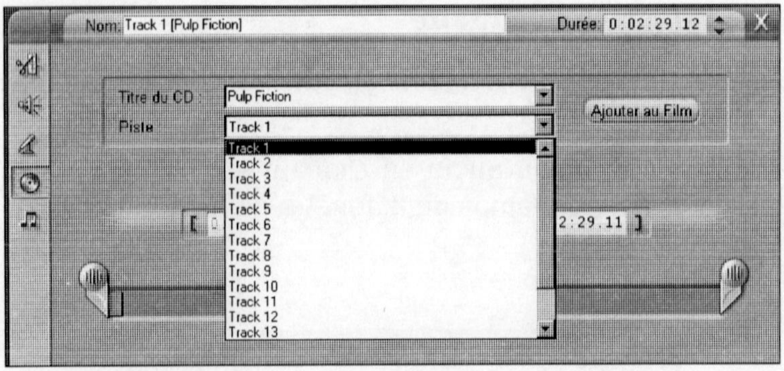

- Cliquez ensuite sur le bouton **Ajouter au Film**.
- Pour terminer, fermez le menu audio en cliquant de nouveau sur l'icône visible à gauche de la ligne de temps de la fenêtre de montage.

Ajouter un bruitage

Studio 8 propose également une banque d'effets sonores pour agrémenter votre film.

- Cliquez sur l'icône visible sous l'icône pour afficher la liste des effets sonores.

Monter avec Studio 8

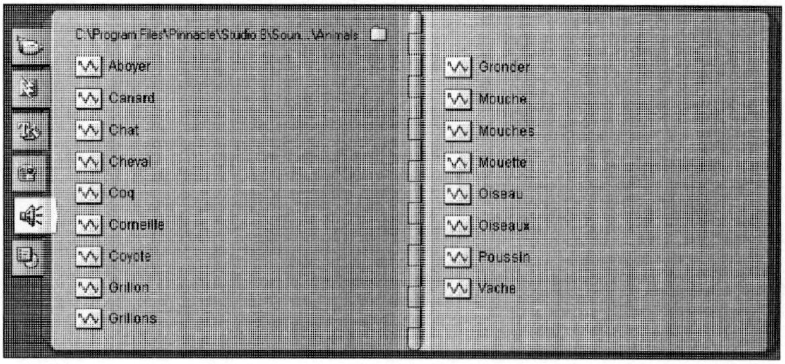

- Sélectionnez votre bruitage et faites-le glisser sur la piste audio.

Ajouter un commentaire

Studio 8 permet d'enregistrer un commentaire audio personnel avec un micro externe que vous branchez sur votre PC.

- Ouvrez le menu audio en cliquant sur l'icône visible à gauche de la ligne de temps de la fenêtre de montage.
- Cliquez sur l'icône .

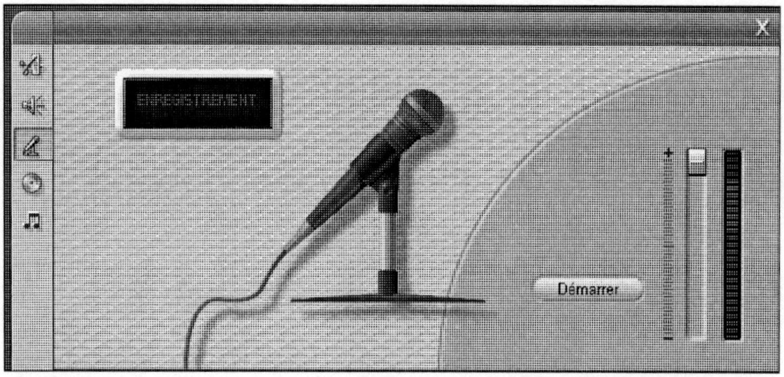

- Une fois le micro allumé, cliquez sur le bouton **Démarrer.**
- Dites votre texte. Cliquez sur **Arrêt** lorsque vous avez terminé.

Un fichier son est alors créé.

La musique, les bruitages et les commentaires peuvent être déplacés sans problème. Il suffit de les faire glisser avec la souris sur la ligne de temps.

Vous pouvez faire un réglage précis du volume d'un clip en cliquant sur la courbe et en intégrant des poignées pour ajuster le son à un endroit précis du film :

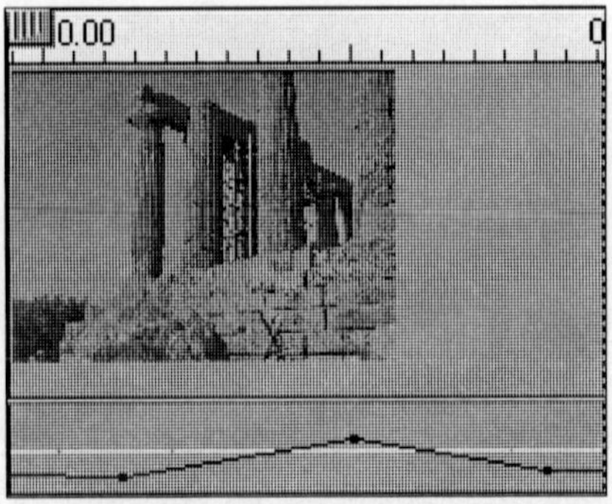

EXPORTER SON MONTAGE

- Lorsque votre montage est terminé, cliquez sur l'onglet **3 Créer Film** pour accéder à l'interface d'exportation.

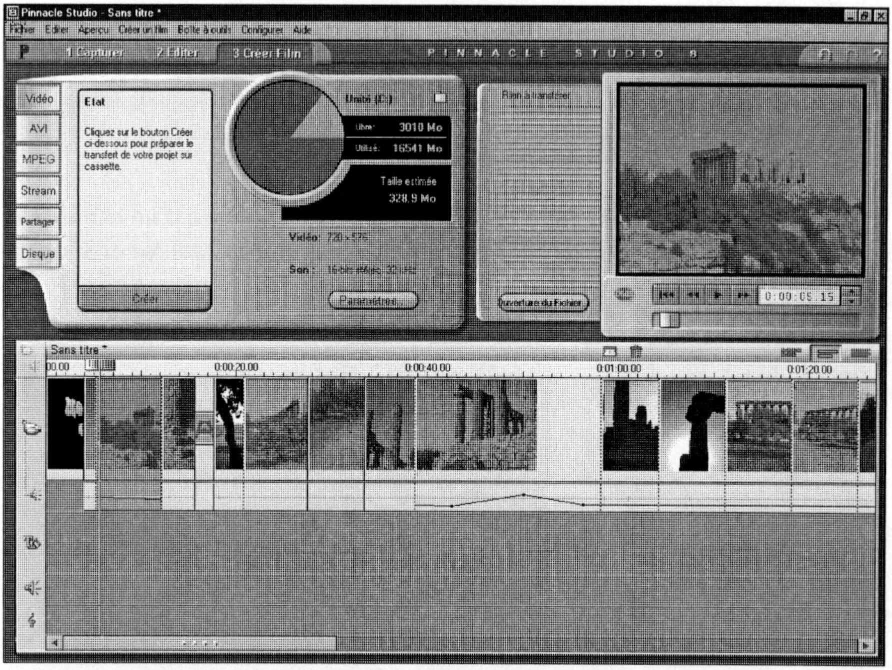

Studio 8 propose six solutions de stockage de votre film : la cassette MiniDV (Vidéo), le disque dur de votre ordinateur (AVI), le MPEG, le CD/DVD (Disque) et Internet (Stream, Partager).

Nous verrons plus loin comment se déroulent ces étapes d'exportation.

- Ici, nous nous contenterons d'expliquer la vocation de chaque module :

Vidéo — Enregistrement pur et simple du film vers la cassette MiniDV de votre caméscope. Pour cela, Studio 8 doit d'abord effectuer un "rendu" de votre montage, c'est-à-dire finaliser tous les calculs d'effets en tout genre.

AVI	Création d'un fichier vidéo non compressé de votre film sur votre ordinateur. Cette solution est intéressante pour stocker temporairement votre projet sur le disque dur.
MPEG	Compression vidéo de votre film au format MPEG-1 ou MPEG-2. Cela permet d'archiver temporairement votre film au format MPEG pour une utilisation ultérieure pour un Vidéo CD ou un DVD-Vidéo.
Stream/Partager	Compression de votre film pour réaliser un fichier téléchargeable sur un site Web ou pour l'envoi par e-mail. Cette solution est adaptée aux petits films de quelques minutes.
Disque	Création d'un Vidéo CD, d'un Super Vidéo CD ou d'un DVD-Vidéo à partir de votre film. Votre ordinateur doit posséder un graveur.

4e Partie

Exportation du film

Enregistrer sur cassette

La vidéo numérique offre un choix varié de supports d'enregistrement. Vous avez la possibilité de stocker votre montage sur cassette, CD et DVD. Sur Studio, vous pouvez transférer votre film de l'ordinateur vers le caméscope pour l'enregistrer sur une cassette MiniDV. C'est le support garantissant la meilleure qualité d'image, puisque la vidéo n'est pas compressée lors du transfert. Le format reste du DV avec une résolution de 720x576 et un son de qualité CD.

ENREGISTRER SON FILM SUR CASSETTE MiniDV

- Cliquez sur l'onglet **3 Créer Film** de l'application **Studio 8**.
- Pour exporter votre film sur cassette, mettez votre caméscope sous tension en mode magnétoscope (Player ou VCR).

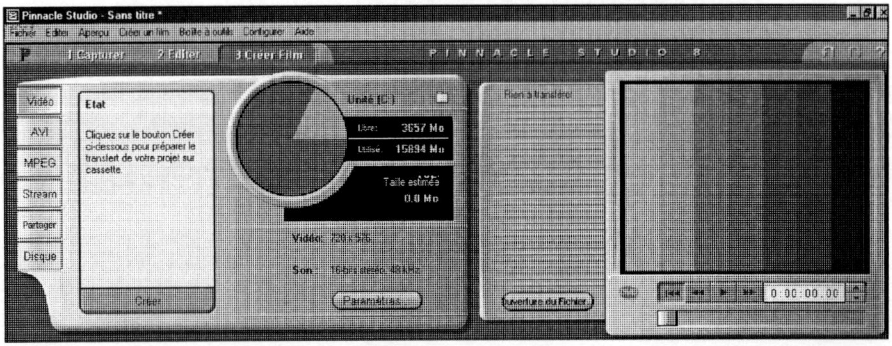

- Cliquez sur le bouton **Vidéo** puis sur le bouton **Créer** visible en bas du cadre **Etat**.

Le caméscope s'enclenche automatiquement et enregistre votre bande MiniDV. Le transfert s'effectue en **temps réel**, c'est-à-dire le temps du film.

Une fois que votre film est transféré sur bande MiniDV, vous avez tout le loisir de le copier sur cassette VHS. Il vous suffit de brancher votre caméscope DV sur un magnétoscope via le câble A/V et de lancer la lecture. Cette duplication occasionnera une très légère perte de qualité d'image due au transfert analogique.

Vous pouvez aussi stocker sur votre ordinateur votre film monté sous la forme d'un fichier vidéo non compressé, c'est-à-dire identique à la qualité originale. Cette solution est intéressante si vous souhaitez archiver un film en DV et que votre disque dur est suffisamment important (60 à 80 Go). Il est d'ailleurs recommandé de disposer d'un second disque dur (externe par exemple) consacré spécialement à l'archivage vidéo.

ENREGISTRER SON FILM SUR DISQUE DUR

- Cliquez sur l'onglet **3 Créer Film** de l'application **Studio 8**.
- Cliquez sur le bouton **AVI** puis sur le bouton **Créer un fichier AVI** pour enregistrer votre film en fichier AVI. Vous pourrez par la suite enregistrer ce film dans n'importe quel format sur n'importe quel support (cassette, CD, DVD, Internet).

Comme nous l'avons vu, le Vidéo CD est un support pratique et bon marché (le prix d'un CD) pour lire votre film sur un lecteur DVD de salon (compatible VCD) ou sur PC avec une qualité d'image proche de la VHS.
Nero est un logiciel de gravure de CD, VCD et SVCD édité par la société Ahead. Il est ***téléchargeable gratuitement*** *sur le site www.telecharger.com en version limitée à 30 jours. Pour bénéficier de la version complète, vous devez acheter une licence avec le numéro d'enregistrement.*

GRAVER UN VIDÉO CD AVEC NERO 5.5

Lorsque vous lancez l'application Nero, un assistant vous demande quel type de CD vous souhaitez graver. Cet assistant simplifie la démarche de gravure en appliquant des paramètres prédéfinis mais vous pouvez spécifier vos propres réglages (vitesse de gravure, menu, finalisation) en fermant la fenêtre de l'Assistant, ce qui vous donnera accès à un menu personnalisé. Dans notre explication, nous choisirons la solution la plus simple en passant par l'Assistant.

- Dans la boîte de dialogue **Assistant de Nero** qui apparaît au lancement de Nero, activez l'option **CD** puis cliquez sur le bouton **Suivant**.
- Activez l'option **Compiler un nouveau CD** puis cliquez sur le bouton **Suivant**.
- Activez ensuite l'option **Autres formats de CD** puis cliquez sur le bouton **Suivant**.

- Activez alors l'option **Vidéo CD**.

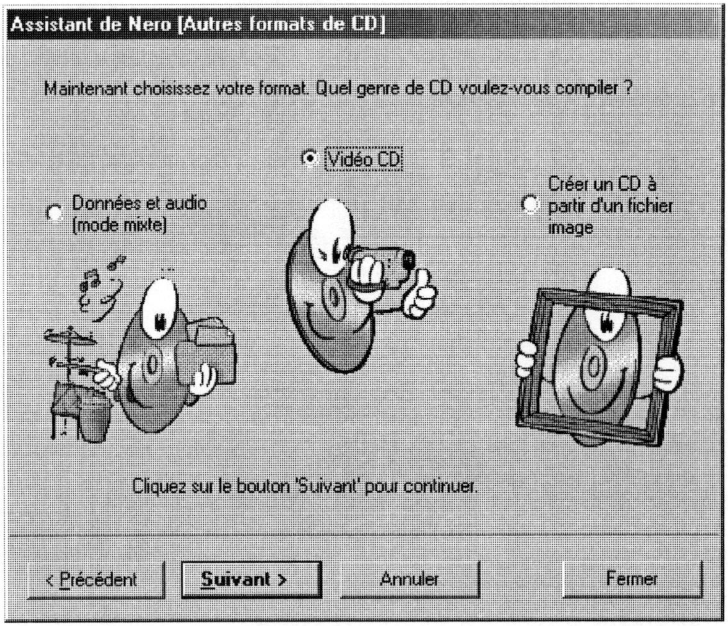

- Cliquez sur le bouton **Suivant** puis sur le bouton **Terminer** de la fenêtre vous informant sur la procédure à suivre.

L'interface de gravure est ouverte. Cette dernière peut sembler un peu complexe au départ, mais vous verrez que les choses sont assez simples.

Un Vidéo CD possède une arborescence de dossiers et de fichiers bien précise. Si cette arborescence n'est pas respectée, le CD ne sera pas reconnu par votre lecteur DVD de salon.

- Cliquez sur **Nouveau** dans la zone visible en haut à gauche de la fenêtre **Vidéo**, saisissez un nom pour votre vidéo (**MONFILM**, par exemple) puis appuyez sur la touche ↵.

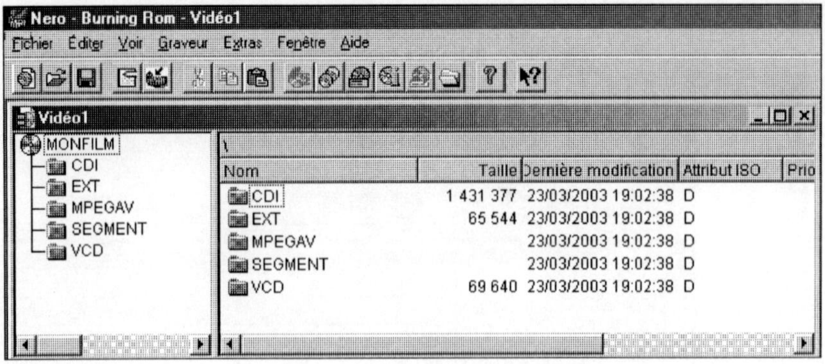

- Cliquez dans la zone inférieure de la fenêtre **Vidéo**.
- **Éditer**
  Ajouter fichier

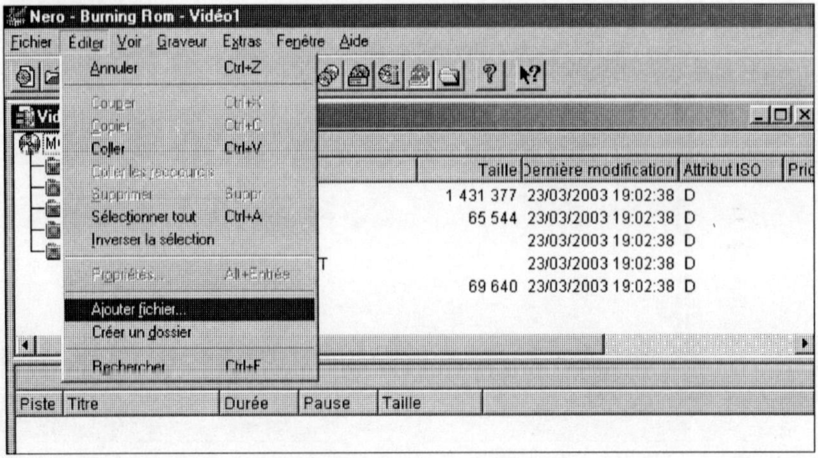

- Localisez le fichier vidéo que vous souhaitez intégrer dans le VCD, sélectionnez-le puis cliquez sur le bouton **Ouvrir** ; plusieurs fichiers vidéo peuvent être ajoutés en même temps. Pour cela, utilisez la touche [Shift] pour une sélection continue et/ou la touche [Ctrl] pour une sélection discontinue.

Nero installe automatiquement votre vidéo dans le dossier MPEGAV inclus dans l'arborescence du VCD.

Enregistrer sur cassette

Le nom de la vidéo que vous venez d'insérer apparaît dans la zone inférieure de la fenêtre **Vidéo** ainsi que sa résolution finale (c'est-à-dire après la compression) et sa durée.

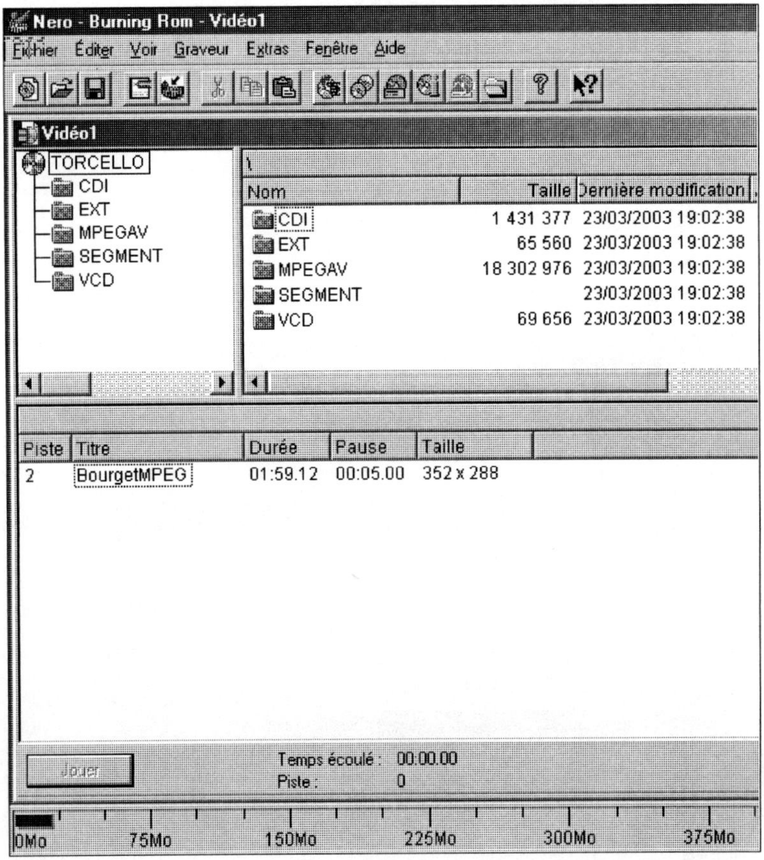

La barre graduée visible en bas de l'écran indique la place qu'occupe votre vidéo sur le CD sachant que ce dernier est limité à une capacité de 650 Mo, soit une heure de vidéo.

- Lorsque vous avez ajouté votre vidéo, vous pouvez lancer la gravure en cliquant sur l'outil **Graver le CD** .

La fenêtre de gravure s'ouvre.

- S'il s'agit de votre première gravure de CD, activez l'option **Simuler et graver**. Le logiciel testera alors les capacités du matériel et déterminera la vitesse de gravure maximale avant de graver. Sinon, activez l'option **Graver**.

  Pour un premier essai nous vous conseillons d'utiliser un CD-RW qui est ré-inscriptible. En cas d'erreur, vous pourrez toujours l'effacer et recommencer.

- Vérifiez que votre graveur est bien allumé et qu'il contient un CD vierge puis lancez la gravure en cliquant sur le bouton **Graver**.

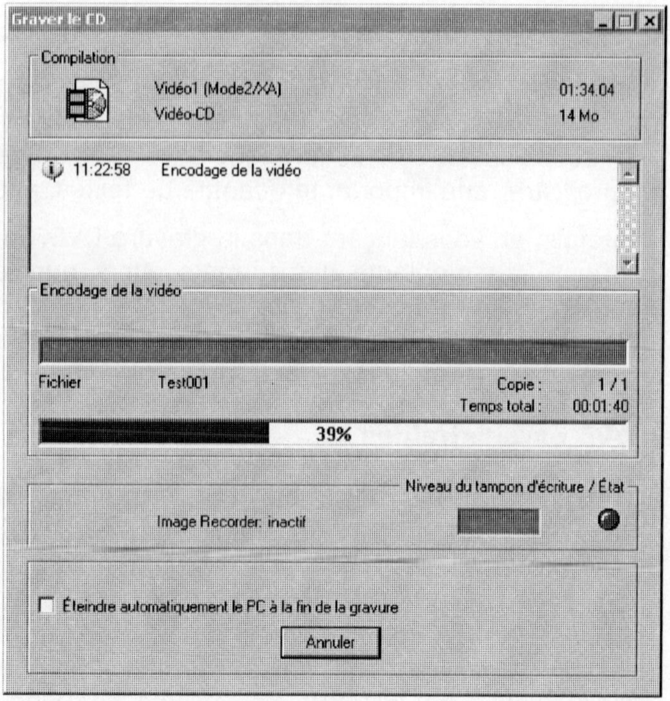

- Après la procédure de gravure, cliquez sur le bouton **Rejeter**.

  Le CD créé sort du graveur et la fenêtre principale de Nero est de nouveau entièrement visible à l'écran.

- Quittez l'application Nero en cliquant sur le bouton ☒ de la fenêtre.

- Si vous souhaitez enregistrer la compilation (afin de la regraver ultérieurement) cliquez sur le bouton **Oui** du message qui s'affiche. À l'inverse, cliquez sur le bouton **Non**.

Vous n'êtes pas obligé de compresser préalablement votre vidéo au format MPEG-1 car Nero intègre un encodeur qui compresse automatiquement votre vidéo au format VCD. Il est donc tout à fait possible d'importer un fichier DV natif en AVI.

LE DVD

Qu'est-ce qu'un DVD ?

Abréviation de Digital Versatile Disc, le DVD est un disque de la même taille qu'un CD (12 centimètres de diamètre) mais qui offre 4,7 Go d'espace soit l'équivalent de 7 CD. Un tel gabarit permet d'enregistrer une importante quantité de textes, photos et vidéos.

Toutefois, en vous lançant dans la gravure DVD, vous serez très vite confronté au problème des formats. Alors que le CD connaît un standard de versions enregistrables avec le CD-R (pour l'écriture unique) et le CD-RW (pour plusieurs enregistrements), le DVD connaît, lui, pas moins de cinq formats différents !

Les DVD enregistrables

L'histoire du DVD enregistrable pour le grand public débute en juillet 2001 avec le lancement du premier graveur DVD informatique : le Pioneer DVR-A03. Ce dernier est vendu 900 euros à l'époque et grave deux types de DVD : les DVD-R et les DVD-RW. Quelques mois plus tard, Philips commercialise à son tour un graveur DVD, mais aussi un enregistreur DVD de salon et lance un nouveau format DVD enregistrable : le DVD+RW. Une rivalité farouche commence alors entre les deux constructeurs qui s'allient progressivement avec d'autres marques pour soutenir leur format.

Chacun cherche à gagner la plus grande part de marché mais au détriment du consommateur qui se noie dans la jungle des DVD.

Afin de vous aider à y voir plus clair, voici un tableau présentant les cinq formats DVD :

Format	DVD-R	DVD+R	DVD-RW	DVD+RW	DVD-RAM
Enregistrable	1 fois	1 fois	1000 fois	1000 fois	100 000 fois
Fabricants	Pioneer LaCie Apple Nec Packard Bell Sony Panasonic Hitachi	Ricoh Philips HP Sony Waitec	Pioneer LaCie Apple Nec Packard Bell Sony	Ricoh Philips HP Sony Waitec	Panasonic Hitachi

Le DVD-RAM est un format réinscriptible uniquement lisible sur certains lecteurs DVD informatiques (notamment Panasonic) et quasiment incompatible avec tous les lecteurs DVD de salon. Sa robustesse et sa cartouche protectrice le réserve à un usage professionnel.

Le graveur DVD

Le graveur DVD va vous permettre d'enregistrer n'importe quel type de données informatiques sur un disque numérique de 4,7 Go. Son arrivée sur le marché grand public est récente mais supplante progressivement le graveur de CD.

Le marché des graveurs DVD est en pleine effervescence. Plusieurs fabricants se disputent le marché grand public en vantant chacun un format DVD différent. Côté installation, on distingue principalement deux types de graveurs : interne et externe.

Les principales marques de **graveurs internes** sont Pioneer, Ricoh, Philips, HP et Sony. Ils s'installent à l'intérieur de votre PC et se branchent sur le port IDE comme n'importe quel lecteur de CD. Votre système d'exploitation le reconnaît automatiquement.

En **version externe**, on peut citer LaCie, Formac et QPS qui développent des boîtiers avec connexion FireWire et USB 2.0 principalement pour les machines Apple. Ils se branchent facilement sur n'importe quel ordinateur (Mac ou PC), sont portables mais sont aussi plus chers que les graveurs internes. Les graveurs LaCie ont l'avantage de s'alimenter directement par la prise de transfert FireWire, il n'est donc pas nécessaire de brancher un adaptateur secteur pour les faire fonctionner.

Notez que les graveurs DVD gravent également les CD.

Si la vitesse des graveurs a doublé en un an, le prix, lui, a été divisé par deux. En décembre 2002, le prix du graveur DVD est descendu à 350 euros. Sachez que tous les graveurs DVD sont fournis avec un logiciel de gravure et d'authoring pour faire des DVD-Vidéo.

Les graveurs DVD informatiques supportent chacun un format précis. Par exemple, le graveur Pioneer DVR-A05 grave uniquement les DVD-R et les DVD-RW, alors que le graveur Ricoh MP5125ADP gère uniquement les DVD+R et DVD+RW. Sony fait toutefois l'exception en proposant le graveur DRU500A supportant les deux formats à la fois, ce qui règle le dilemme du consommateur...

Le Sony DRU500A.

Le DVD-Vidéo

Le DVD-Vidéo est destiné à remplacer la cassette vidéo VHS. Le premier signe de cette évolution est la disparition progressive des magnétoscopes VHS dans les rayons. À son actif, le DVD-Vidéo présente par rapport à la cassette tout un ensemble d'avantages :

- une grande résistance (le DVD ne souffre pas des lectures successives) ;
- une meilleure image (500 lignes de résolution contre 240 pour une cassette) ;
- un meilleur son (jusqu'à huit pistes audio en qualité CD contre deux en VHS) ;
- l'interactivité (menus animés avec chapitres des séquences) ;
- une meilleure compacité (un DVD prend moins de place qu'une VHS).

N'importe quel amateur peut réaliser un DVD-Vidéo à partir de ses propres films. La gravure sur DVD est d'ailleurs de plus en plus répandue dans les ordinateurs. Pour faire un DVD-Vidéo vous avez besoin d'un graveur DVD et d'un logiciel d'authoring, c'est-à-dire un logiciel permettant d'encoder la vidéo, de réaliser un menu interactif et de graver. Il en existe beaucoup à des prix très abordables.

GRAVER UN DVD-VIDÉO

Avec Sonic MyDVD

MyDVD est le célèbre logiciel d'authoring DVD conçu par la société Sonic. Il est fourni en standard avec pratiquement tous les graveurs DVD du marché, raison pour laquelle nous l'avons choisi pour ce pas à pas.

- Après son installation, lancez l'application **MyDVD**.

La fenêtre d'accueil vous propose deux options à gauche : la création d'un DVD vidéo ou d'un CD vidéo.

- Dans notre exemple, nous choisissons de faire un DVD, aussi cliquez sur l'option **DVD vidéo**.

Dans un second temps, il faut déterminer le type de projet.

- Cliquez sur la première option **Créer ou modifier un projet de vidéo sur DVD**.

Vous découvrez alors l'interface générale de MyDVD.

La première étape consiste à importer la vidéo de votre caméscope. Pour cela, branchez votre caméscope à la prise FireWire de l'ordinateur, allumez-le en position **magnétoscope** puis cliquez sur le bouton **Capture**  visible à gauche de la fenêtre de l'application MyDVD.

Vous accédez alors à l'interface de capture vidéo : vous pouvez désormais piloter votre caméscope grâce aux commandes placées sous l'écran de contrôle (lecture, avance rapide, rembobinage).

Enregistrer sur cassette

- Lorsque votre cassette est calée au bon endroit, cliquez sur [Début de la capture] pour lancer l'enregistrement.

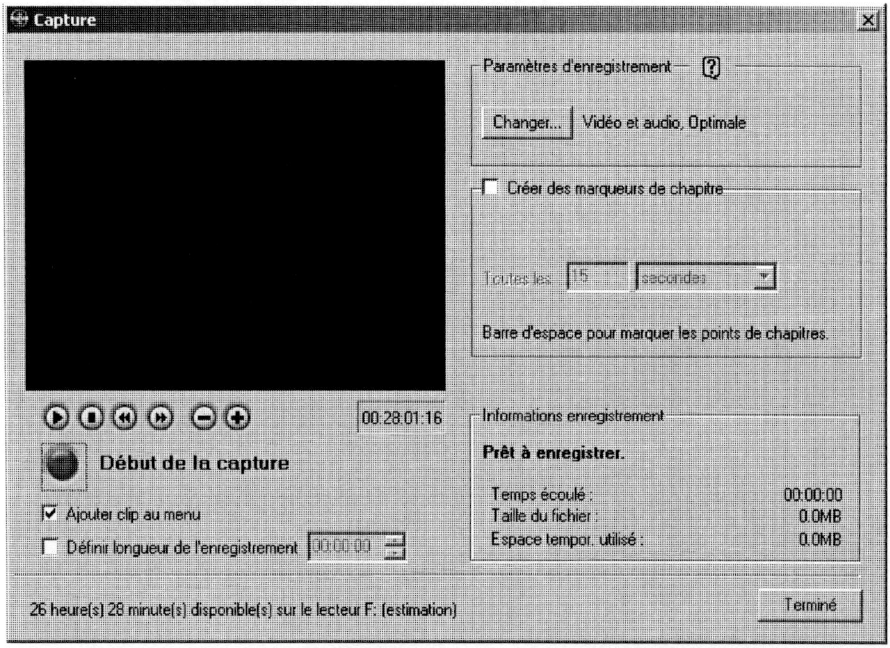

Vous pouvez également importer des fichiers déjà présents sur votre disque dur en cliquant sur le bouton [Ajouter clips] visible à gauche de la fenêtre de l'application MyDVD.

- Lorsque votre film est capturé, fermez la fenêtre en cliquant sur le bouton [X].

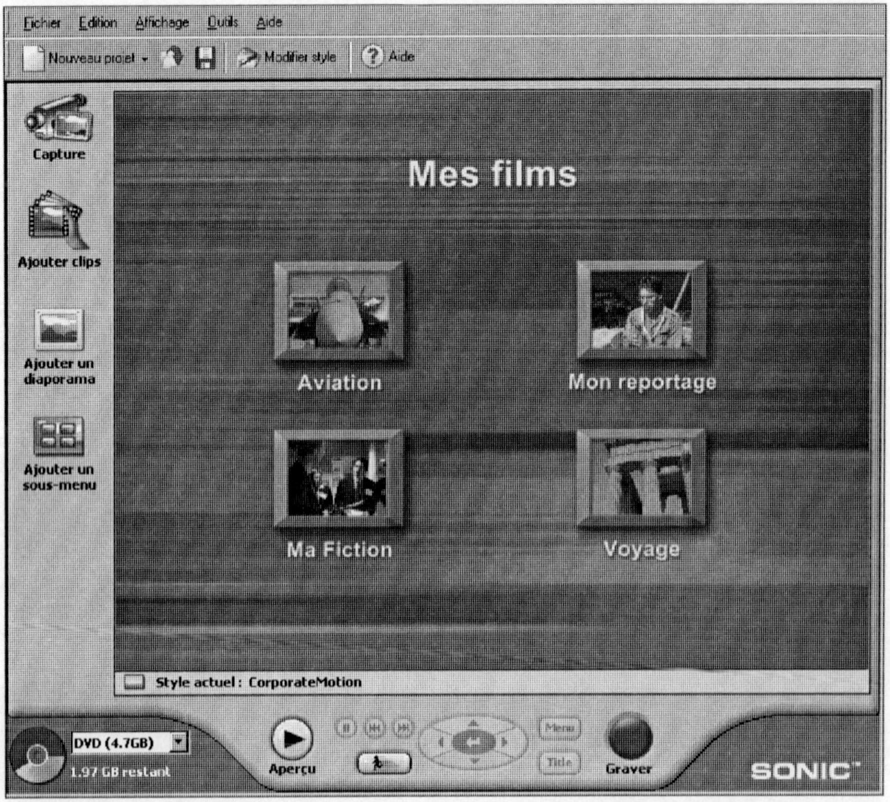

MyDVD intègre automatiquement votre film dans la page de menu. À chaque enregistrement vidéo, le logiciel crée une nouvelle vignette correspondant au clip.

- Il se peut alors que vous souhaitiez changer les points d'entrée et de sortie de vos vidéos. Pour cela, double cliquez sur la vignette pour ouvrir la fenêtre de découpage présentant trois écrans.

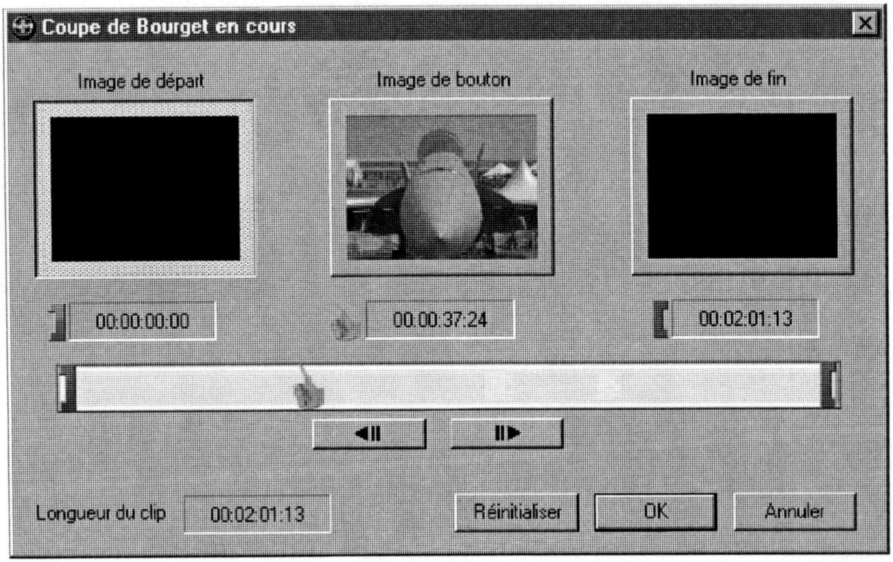

L'écran de gauche décrit le point d'entrée, celui du milieu l'image du bouton et celui de droite le point de sortie.

- Ajustez ainsi votre clip en déplaçant les curseurs vert et rouge.
- Vous pouvez déterminer une image pour le bouton en déplaçant le curseur.
- Validez ensuite en cliquant sur **OK**.
- Vous pouvez ensuite élaborer le menu d'accueil du DVD. Pour cela, cliquez sur le bouton **Modifier style** afin d'ouvrir l'interface d'édition.

À gauche, MyDVD vous propose des styles de menus prédéfinis.

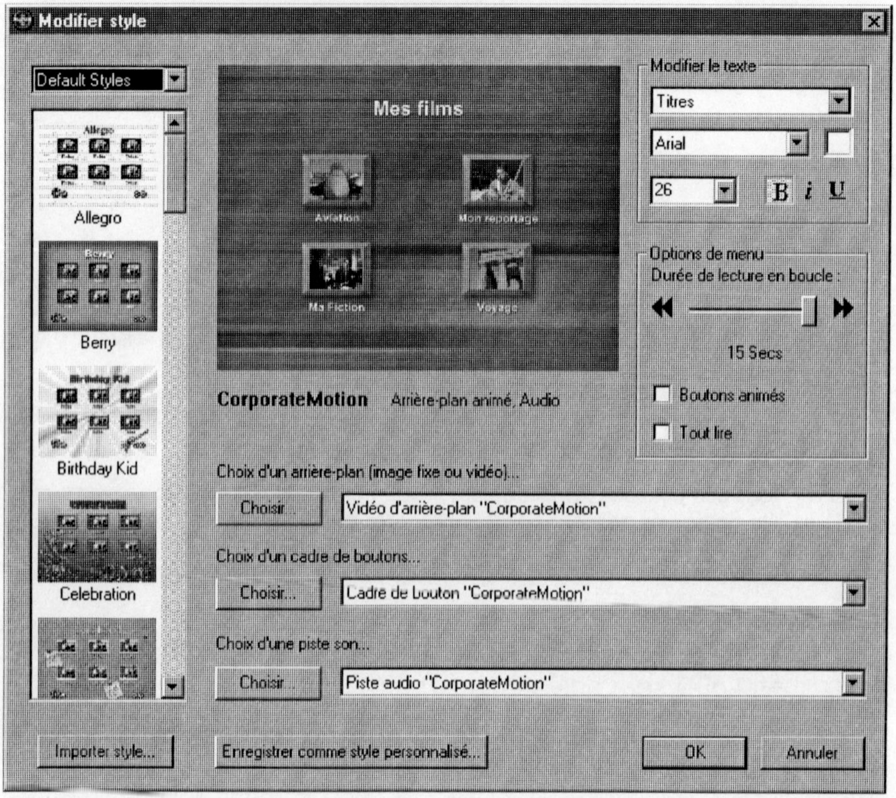

- Sélectionnez un des styles de menus prédéfinis proposés par MyDVD ou personnalisez votre propre menu en important votre fond d'écran, votre musique (fichier audio MP3, WAV, MPA, WMA, ABS, AIF) et/ou votre type de bouton à l'aide du bouton **Choisir** correspondant et en modifiant la police, la taille et/ou la couleur de vos titres à l'aide des options du cadre **Modifier le texte**.

Enfin, cerise sur le gâteau, MyDVD propose des menus animés. Cela se traduit par des fonds d'écran animés, mais aussi des boutons où défile votre clip.

- Dans le cadre **Options de menu**, faites glisser le curseur pour régler la durée de l'animation.

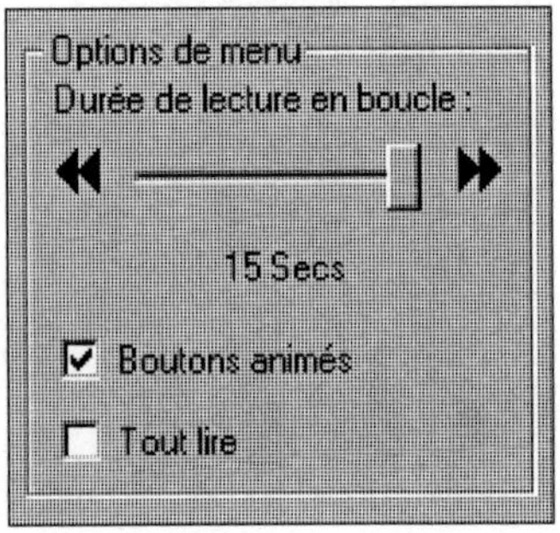

- Cochez l'option **Boutons animés** pour que votre clip défile dans le bouton ; cochez l'option **Tout lire** pour que l'intégralité du clip soit lue.
- Une fois votre menu élaboré, cliquez sur le bouton **OK** pour revenir à la fenêtre principale de l'application MyDVD.

Si vous possédez trop de clips, vous pouvez Ajouter un sous-menu en cliquant sur le bouton correspondant de la fenêtre principale.

- Il ne vous reste qu'à vérifier le résultat en cliquant sur le bouton  pour activer le mode Aperçu ; ce mode révèle votre DVD tel qu'il sera après la gravure.

En cliquant sur le bouton , vous visualisez votre DVD en mode animé, cela nécessite toutefois un temps de calcul.

- Vos clips sont déposés et votre menu est achevé, vous pouvez enfin passer à l'ultime étape : la gravure ! Pour cela, mettez votre graveur sous tension et vérifiez qu'il contient un DVD vierge.
- Cliquez sur le bouton .

MyDVD reconnaît votre graveur et applique automatiquement la vitesse d'écriture.

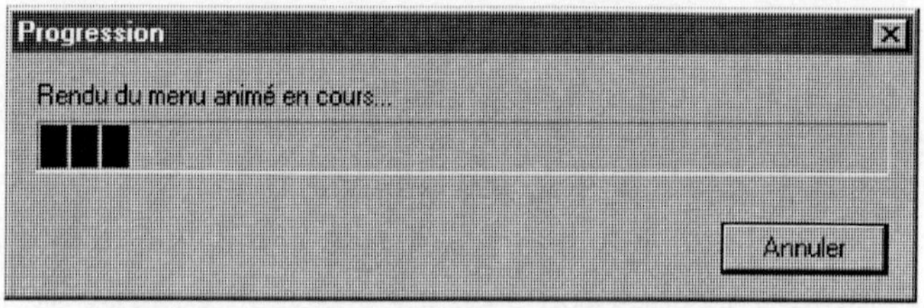

Le logiciel va encoder tous vos fichiers (audio et vidéo) puis lancer la gravure. Cela peut durer 30 à 60 minutes selon la durée de votre DVD et la vitesse de votre graveur.

L'icône de DVD à gauche vous indique la taille de votre DVD et l'espace restant. N'oubliez pas qu'un DVD est limité à 4,7 Go de données soit 2 heures de vidéo.

Il est conseillé de faire votre première gravure avec un DVD réinscriptible (DVD-RW ou DVD+RW selon la marque de votre graveur). En cas d'erreur, vous pourrez ainsi l'effacer et recommencer.

Les autres logiciels d'authoring

DVD MovieFactory de Ulead.

Ulead DVD MovieFactory : ce logiciel permet de capturer de la vidéo pour réaliser des menus de VCD, SVCD et DVD. Vous capturez la vidéo depuis votre caméscope ou votre disque dur, vous compressez vos fichiers puis vous éditez votre menu interactif. Un logiciel fiable et bon marché.

Pinnacle Expression : ce logiciel a l'avantage d'offrir une interface très intuitive. Vous capturez la vidéo, vous montez votre menu et la compression n'intervient qu'à la fin. À noter que ce logiciel permet aussi de faire des diaporamas à partir de photos numériques ainsi que des étiquettes CD.

NeoDVD de Micro Application : NeoDVD capture, monte et grave vos films numériques en quelques clics. Le logiciel gère les fichiers AVI, DV, QuickTime, WMV, MPEG-1 et MPEG-2, il est même possible d'extraire et de copier des séquences DVD directement sur votre disque dur. Le montage offre 15 effets de transitions et peut élaborer des diaporamas.

Il ne suffit pas de graver une vidéo MPEG-2 sur un DVD pour faire un DVD-Vidéo. Celui-ci est un média de diffusion qui requiert une arborescence précise de fichiers VOB pour être reconnu par un lecteur DVD de salon.

Voici un tableau récapitulatif des principaux médias de diffusion vidéo :

Formats	VHS	VCD	S-VCD	DVD-Vidéo	MiniDV/D8
Support	Cassette	CD	CD	DVD	Cassette
Résolution en pixels	320x580	352x288	480x576	720x576	720x576
Qualité d'image	Moyenne	Moyenne	Bonne	Très bonne	Excellente
Format	Analogique composite	MPEG-1	MPEG-2	MPEG-2	DV
Support de lecture	Magnétoscope	Lecteur DVD de salon Ordinateur	Lecteur DVD de salon Ordinateur	Lecteur DVD de salon Ordinateur	Caméscope

Lire un DVD-Vidéo

Sur un ordinateur :

Pour lire un DVD-Vidéo sur un ordinateur, celui-ci doit impérativement posséder un lecteur DVD intégré ainsi qu'un logiciel de lecture DVD. Dans le monde PC, le logiciel de lecture le plus reconnu est PowerDVD de Cyberlink. Il démarre automatiquement la lecture du DVD, affiche l'image en plein écran et reprend la lecture à l'endroit où vous l'avez laissée, même après avoir éteint l'ordinateur.
Dans le monde Mac, Apple fournit en standard un logiciel de lecture DVD, reprenant les mêmes caractéristiques que PowerDVD.

À noter que la nouvelle version Windows Media Player 9 (gratuite) gère la lecture de DVD-Vidéo.

Sur un lecteur DVD de salon :

Pas de question à se poser, il vous suffit d'insérer votre DVD-Vidéo dans le lecteur qui lance automatiquement le film.

Pourquoi ça ne marche pas ?

Si votre lecteur ne lit pas votre DVD cela peut être dû :

- À une incompatibilité du format DVD (DVD-R, DVD+R) : certains lecteurs informatiques (un peu anciens) ne lisent pas tous les formats. Exemple : les iMac DV ancienne génération ne lisent pas les DVD+RW.
- À une erreur de gravure (dans ce cas, le disque n'est lisible nulle part).
- Votre DVD-Vidéo n'est pas un DVD-Vidéo mais un DVD-Rom (dit aussi Data) contenant un fichier vidéo. N'oubliez pas qu'un DVD-Vidéo est un format de diffusion respectant des normes bien précises.

Diffuser sa vidéo sur Internet

Internet est rapidement devenu un média de diffusion pour la vidéo numérique. De nombreuses entreprises, associations et particuliers mettent en ligne des petits films sur leur site Web. L'opération nécessite toutefois quelques connaissances et les contraintes sont nombreuses. L'enjeu consiste à mettre en ligne un fichier vidéo d'un poids conséquent dont le téléchargement réclamera du temps (et donc de l'argent).

QU'EST-CE QU'INTERNET ?

Internet est un réseau de communication informatique qui se développe en France depuis 1994. Grâce à ce réseau, des professionnels et des particuliers peuvent s'envoyer des messages (e-mail) accompagnés de photos ou de petites vidéos via leur ordinateur, connecté par un modem au réseau téléphonique. Internet est aussi le moyen de publier un site Web, à savoir des pages informatiques, au format html contenant du texte, des images, des animations et plus récemment des vidéos. Les vidéastes amateurs ont rapidement vu dans Internet un formidable média de diffusion. La possibilité de mettre sa vidéo sur un site Web pouvant être lu dans le monde entier à moindre frais est en effet très séduisante. La mise en ligne d'une vidéo est toutefois une opération complexe, régie par des règles précises.

LA CONNEXION

Le principal obstacle au développement de la vidéo sur Internet est la connexion. Pourquoi ? Tout simplement pour une raison de débit. Comme nous l'avons vu, une seule minute de DV pèse déjà 220 Mo, or une connexion téléphonique par modem de 56 Kilos bits par seconde (Kbps) ne peut gérer un tel flux. Il est donc indispensable de compresser votre vidéo, c'est-à-dire de réduire sa taille pour pouvoir la télécharger sur votre site ou l'envoyer par e-mail.

Si vous possédez une connexion à haut débit (câble ou ADSL), vous pouvez télécharger des fichiers de plusieurs mégaoctets vers votre site, mais encore faut-il que votre hébergeur ne limite pas la taille des fichiers. Les serveurs traditionnels (Free, Wanadoo, Club-Internet) limitent souvent le téléchargement des fichiers à 2 ou 4 Mo.

Enfin, pensez que les visiteurs potentiels de votre site n'ont pas forcément une connexion à haut débit et vont eux-même devoir patienter plusieurs minutes pour visionner votre film.

COMMENT COMPRESSER SA VIDÉO ?

Sachez d'emblée qu'il sera difficile de mettre en ligne un film de 15 minutes à moins de posséder un hébergeur dédié (souvent payant) qui vous offre un espace suffisant. Dans la plupart des cas, les vidéos seront de courts extraits ou une petite bande annonce qui n'excédera pas deux minutes. Il s'agit donc de convertir une vidéo DV de 500 Mo en un fichier inférieur à 5 Mo soit 100 fois plus petit. Pour cela, il faut compresser le film à l'aide d'un encodeur appelé aussi **codec** (**co**-deur/**déc**odeur).

Aujourd'hui, pratiquement tous les logiciels de montage intègrent un codec spécialement dédié à Internet. Le secret d'un bon encodage pour le Web consiste à trouver un rapport poids/taille du fichier correct, afin que celui-ci soit téléchargeable dans un temps raisonnable (quelques minutes) tout en conservant une qualité d'image correcte.

Le principe

Pour réduire le poids d'un fichier vidéo, l'encodeur va agir sur plusieurs paramètres. L'objectif de l'encodage est de **supprimer les données redondantes** d'une image à l'autre (couleur, pixels). Ainsi, dans les scènes de mouvement, l'encodage sera plus long car de nombreux pixels sont modifiés à chaque image. À l'inverse, dans un plan fixe, pratiquement aucune modification n'intervient dans l'image et la compression sera rapide avec un fichier moins lourd. Par ailleurs, l'encodeur va agir sur deux principaux réglages pour réduire la taille du fichier vidéo : le **nombre d'images** par seconde et **la taille de l'image** en pixels.

Exemple : un fichier AVI DV de 500 Mo, 25 images/seconde et d'une résolution de 720x576 pixels deviendra un fichier vidéo de 5 Mo, 15 images/seconde et d'une résolution de 320x240 pixels.

Les encodeurs

Naturellement, votre ordinateur doit posséder un logiciel d'encodage (ou codec) pour réaliser ce genre d'opération. Tous les logiciels de montage intègrent aujourd'hui des encodeurs vidéo pour Internet (Studio 8, Vidéo Studio, iMovie, Premiere etc.). Les trois principaux sont RealVideo, QuickTime et Windows Media, qui est fourni en standard avec Windows. À noter que ces trois formats sont disponibles pour Windows et Mac OS.

RealVideo : c'est un des premiers encodeur vidéo à avoir été développé pour Internet. Son lecteur, le Real Player, est fortement diffusé et librement téléchargeable sur www.realnetworks.com. Son outil d'encodage, RealProducer Basic est également gratuit.

QuickTime : le logiciel de lecture QuickTime peut être téléchargé librement depuis le site d'Apple www.apple.com/fr/quicktime. Le format QuickTime est compatible avec de nombreux codecs. Ses fonctions d'encodage sont toutefois verrouillées en version Pro, et nécessitent l'achat en ligne d'un numéro d'enregistrement sur le site Web d'Apple.

Windows Media : de loin le plus répandu, Windows Media Player est fourni en standard sur Windows. Sa dernière version 9 bénéficie de la compatibilité en lecture avec le nouveau format MPEG-4 très performant avec un poids de fichier très réduit. L'outil d'encodage s'appelle lui, Windows Media Encoder, il est gratuitement téléchargeable sur www.microsoft.com.

Les principaux formats vidéo sur le Web :

Formats	Windows Media	RealVideo	QuickTime
Lecteur	Windows Media Player	Real Player	QuickTime Player
Prix lecteur	Gratuit	Gratuit	Gratuit
Encodeur	Windows Media Encodeur	Real Producer	QuickTime Pro
Prix encodeur	Gratuit	Gratuit	Payant

Compresser sa vidéo avec Windows Media Encoder

Windows Media Encoder est un logiciel d'encodage développé par Microsoft. Vous pouvez le télécharger gratuitement dans sa version 9 sur le site de Microsoft (www.microsoft.com/windowsmedia/FR/9Series/encoder/default.asp).

Windows Media Encoder (Codeur Windows Media en version française) permet de compresser des fichiers vidéo pour les diffuser sur Internet, mais aussi pour les stocker sur CD ou DVD avec une qualité d'image variable. Dans ce pas à pas, nous partons du principe que vous possédez un fichier vidéo DV de 2 minutes, d'une taille de 415 Mo que vous souhaitez compresser pour le mettre en ligne sur votre site Web. L'objectif est que le fichier n'excède pas 5 Mo.

- Après avoir installé Windows Media Encoder sur votre PC, lancez l'application par **démarrer - Tous les programmes - Windows Media - Codeur Windows Média**.

Une fenêtre d'assistant vous propose plusieurs types d'opérations.

- Veillez à ce que l'onglet **Assistants** soit sélectionné.

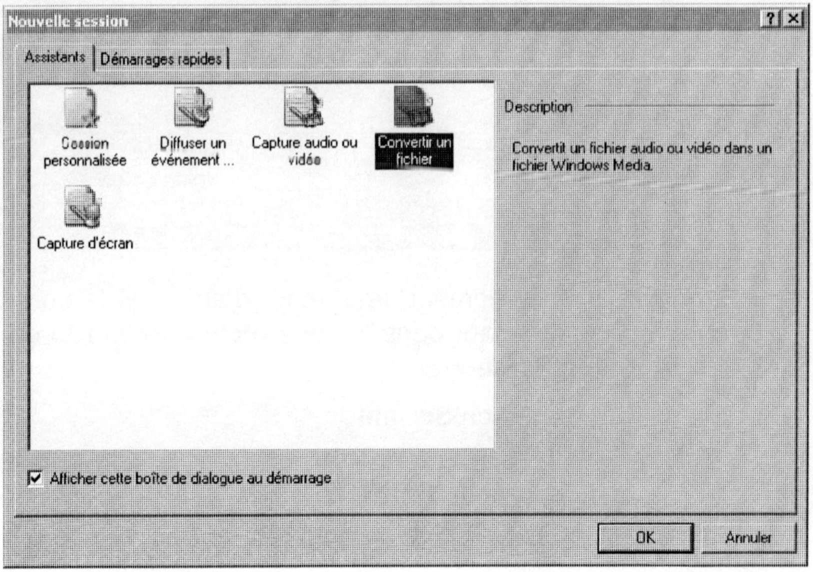

- Sélectionnez l'icône **Convertir un fichier** puis cliquez sur **OK**.
- Spécifiez le chemin d'accès et le nom du fichier à convertir en le saisissant dans la zone **Fichier source** ou sélectionnez-le en cliquant sur le bouton **Parcourir**.

Par défaut, le fichier obtenu après compression est placé dans le même dossier et a le même nom que le fichier d'origine.

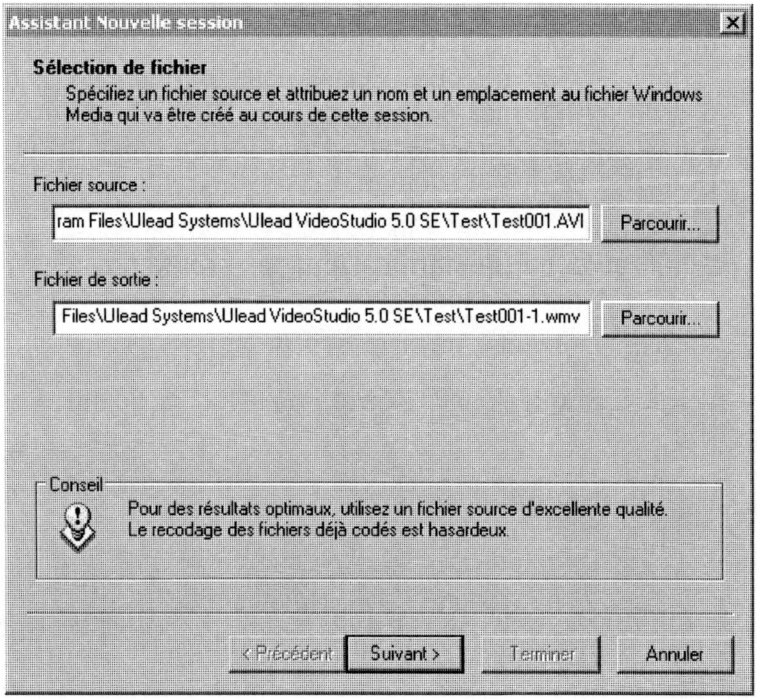

- Modifiez, éventuellement, le chemin d'accès et le nom du fichier à créer en le saisissant dans la zone **Fichier de sortie** ou en cliquant sur le bouton **Parcourir**.
- Cliquez sur le bouton **Suivant**.

La fenêtre permettant de spécifier votre type de diffusion (CD, DVD, Internet, disque dur) apparaît à l'écran.

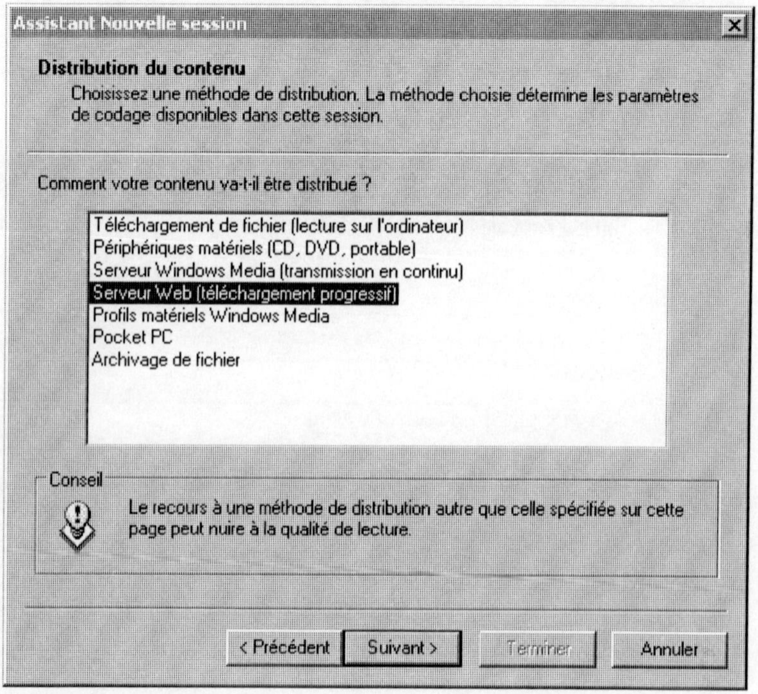

- Sélectionnez l'option **Serveur Web (téléchargement progressif)** qui correspond à la compression pour un site Web puis cliquez sur le bouton **Suivant**.

Le streaming (flux en anglais) est un terme familier de la vidéo sur Internet. Il désigne la diffusion d'une vidéo en direct sur le Web sans attendre la fin de son téléchargement. Le streaming nécessite une connexion à haut débit de l'utilisateur pour fonctionner correctement.

Diffuser sa vidéo sur Internet

L'étape suivante permet de spécifier la qualité d'image et de son.

- Sélectionnez l'option **Vidéo qualité VHS (CBR)** dans la liste **Vidéo**.
- Sélectionnez l'option **Audio qualité CD (CBR)** dans la liste **Audio** : cette qualité correspond à une résolution d'image de 320x240 (le standard sur le Web).

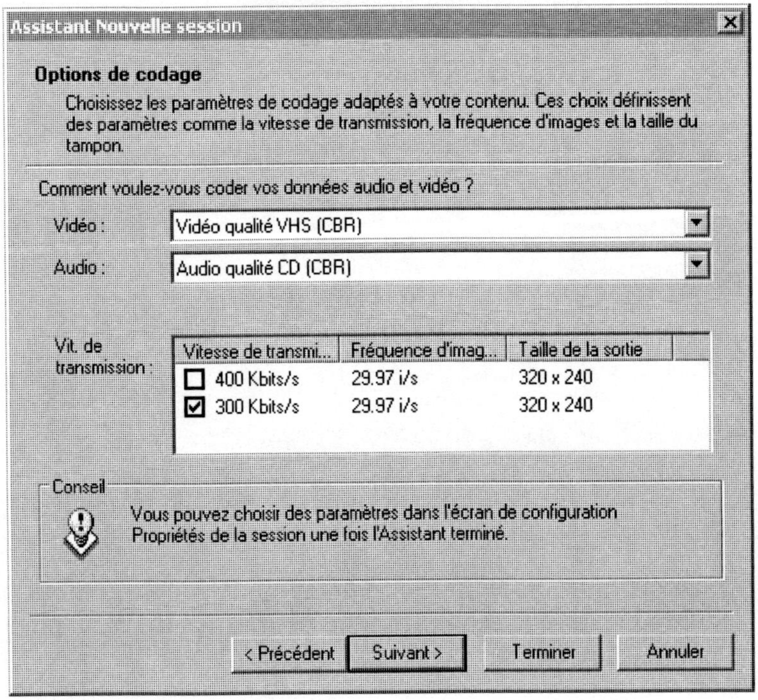

- Cliquez sur le bouton **Suivant**.

- Dans la fenêtre qui suit, si besoin est, nommez votre film, mentionnez vos droits d'auteur et faites un petit descriptif.

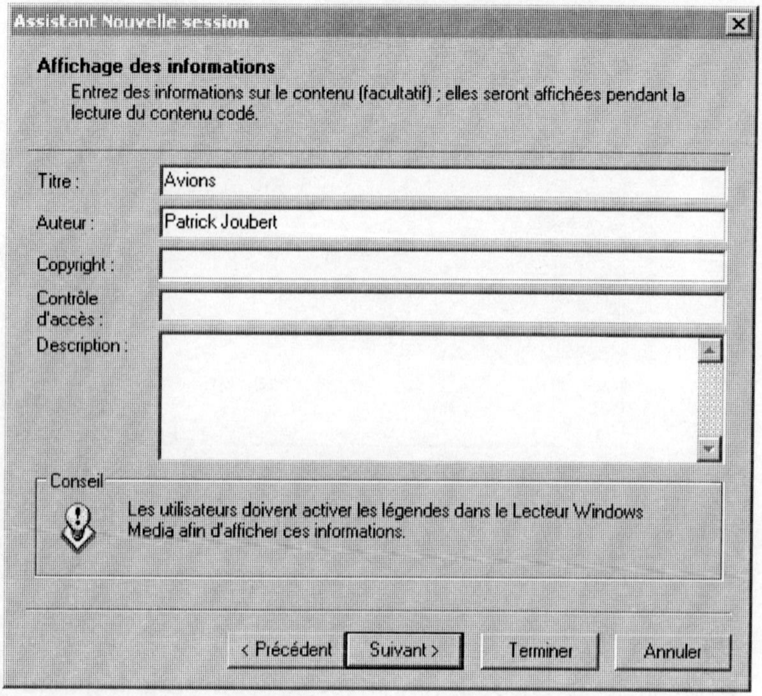

- Cliquez sur le bouton **Suivant**.

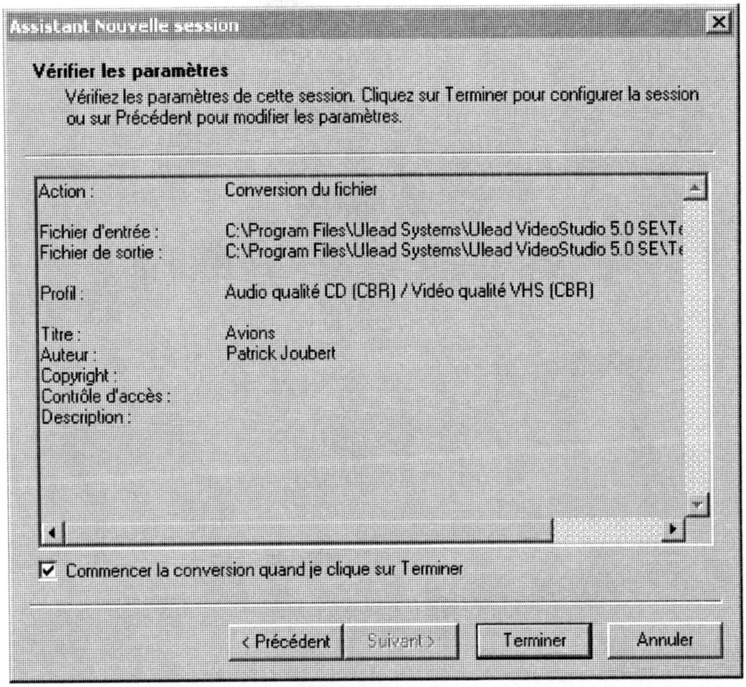

Cette fenêtre affiche un récapitulatif des paramètres de votre compression.

- Cochez la case **Commencer la conversion quand je clique sur Terminer** afin que la compression démarre automatiquement.
- Cliquez sur le bouton **Terminer** pour lancer l'encodage.

La fenêtre de progression d'encodage apparaît à l'écran.

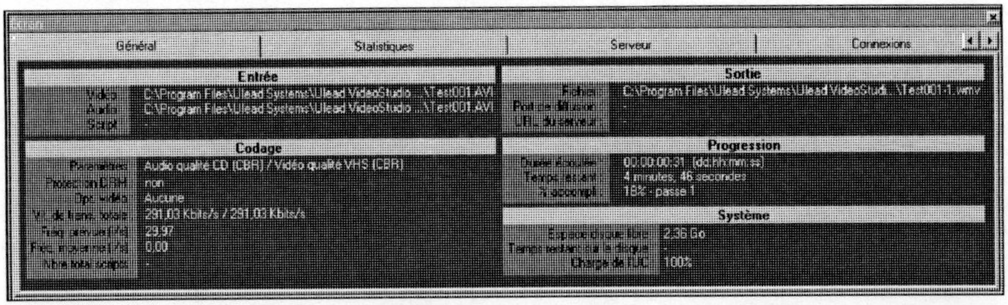

Au terme de l'opération, une fenêtre vous indique que l'encodage est terminé.

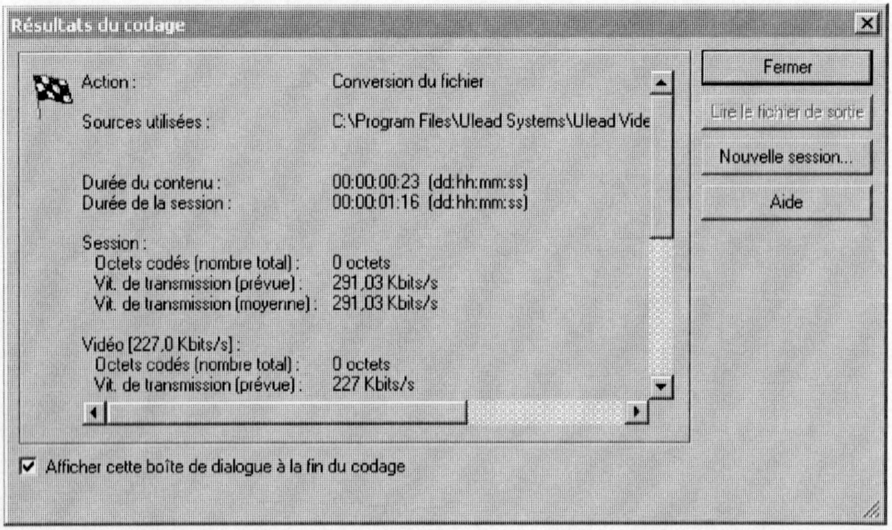

Le bouton **Lire le fichier de sortie** permet, par le biais du **Lecteur Windows Media**, de lire le fichier encodé.

- Cliquez sur le bouton **Fermer** de la fenêtre **Résultat du codage**.
- Fermez la fenêtre de l'application **Codeur Windows Media** par la commande **Fichier - Quitter** en enregistrant ou non la session en cours.

Une fois votre vidéo compressée, il ne vous reste plus qu'à la télécharger sur votre site Web comme n'importe quel fichier. Les visiteurs n'auront qu'à cliquer sur le lien et à visionner votre vidéo à l'aide d'un lecteur comme Windows Media Player, QuickTime ou Real Media Player.

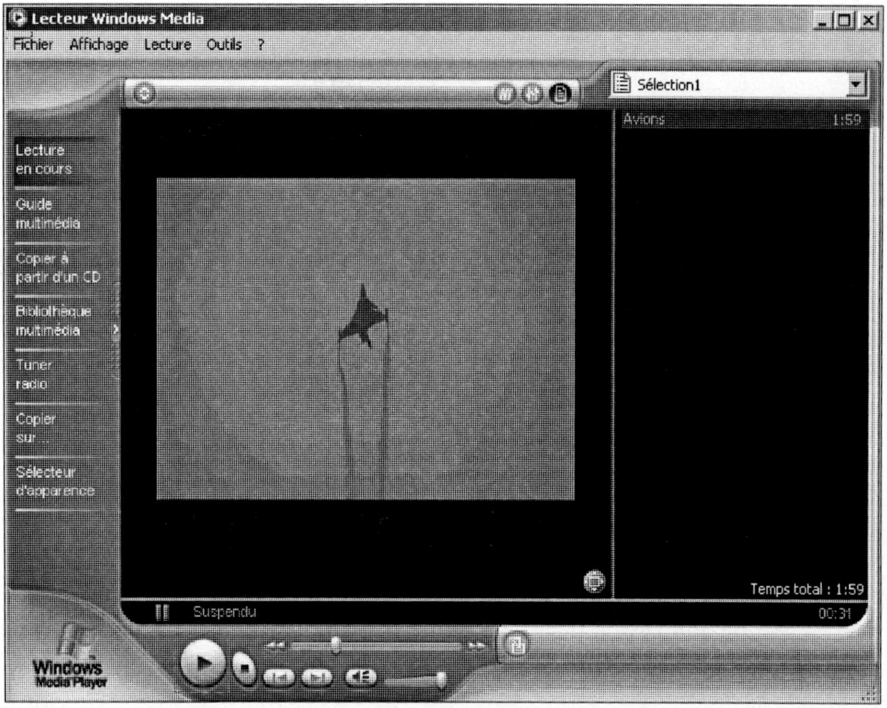

Voici un tableau récapitulant l'opération que nous venons d'accomplir :

Vidéos	Fichier source	Fichier compressé
Format	DV AVI	Windows Media Player
Poids	415 Mo	4,45 Mo
Résolution	720x576	320x240

Compresser un film pour Internet avec Pinnacle Studio 8

L'objectif est de compresser votre film pour un envoi par e-mail ou une diffusion sur votre site Web.

- Dans Studio 8, cliquez sur l'onglet **3 Créer Film** puis cliquez sur le bouton **Stream** pour sélectionner l'option de compression dédiée à Internet.

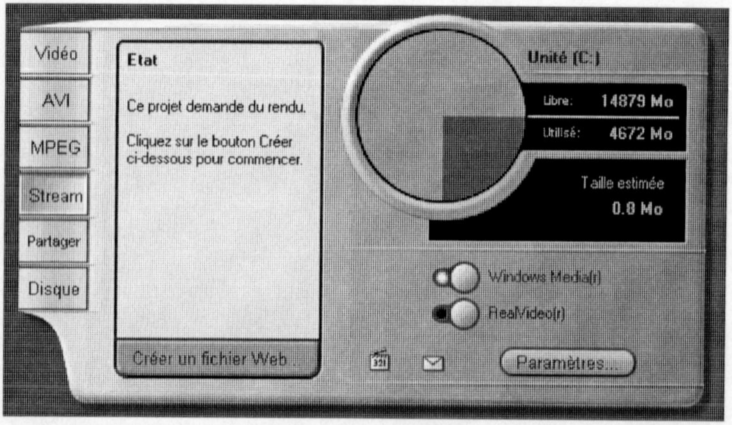

- Choisissez l'encodeur à utiliser : **RealVideo** ou **Windows Media.**

Dans notre exemple, nous avons opté pour Windows Media car ce lecteur est fourni en standard avec Windows : le film pourra donc être lu massivement sur PC.

Le bouton Paramètres ouvre la fenêtre de personnalisation des options de compression. Vous pouvez ainsi choisir la qualité vidéo, audio et marquer vos droits d'auteur.

Diffuser sa vidéo sur Internet

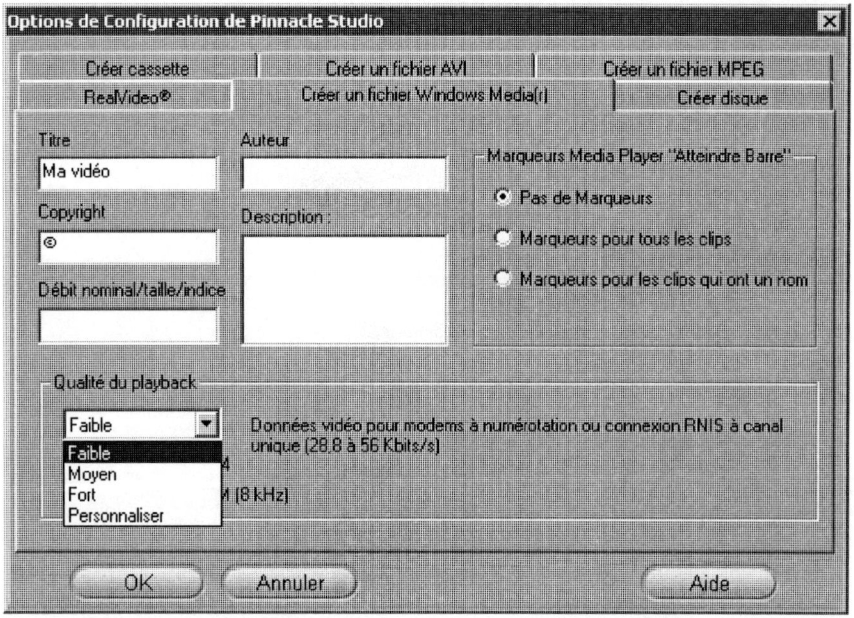

- Cliquez ensuite sur [icône] pour compresser le film en vue d'un envoi par e-mail ou sur [icône] pour une diffusion sur un site Web.

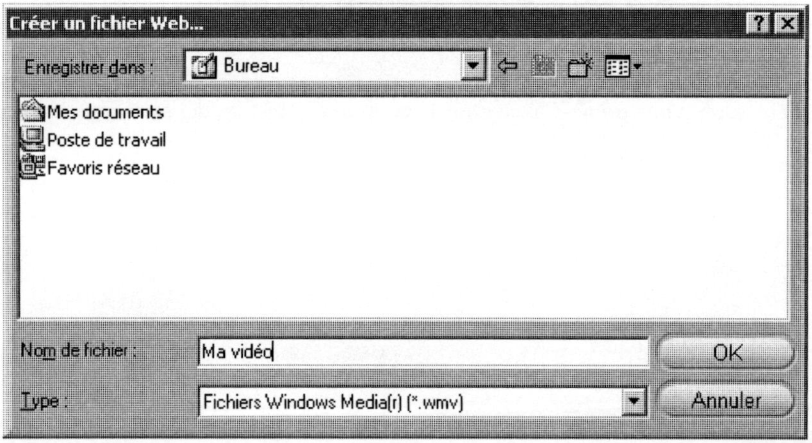

- Précisez le nom du fichier Windows Media à créer puis cliquez sur **OK**.

La compression dure quelques minutes.

À chaque encodeur correspond un lecteur multimédia. Gardez à l'esprit que votre entourage a besoin d'un logiciel de lecture pour lire votre fichier vidéo sur un site Web. Ainsi, une vidéo compressée avec l'encodeur QuickTime Pro devra être lue avec QuickTime Player et un fichier encodé avec Windows Media Encoder sera lu par Windows Media Player.

Ci-dessous, le lecteur QuickTime :

Le DivX

Difficile de parler de la vidéo numérique sans évoquer le DivX. Ce nouveau format de compression vidéo a bouleversé les esprits grâce à ses étonnantes capacités d'encodage et surtout par sa gratuité.

PRÉSENTATION DU DIVX

Qu'est-ce que le DivX ?

Le DivX est un codec de compression vidéo né en 1999 des travaux d'un ingénieur français Jérôme Rota. Surnommé "le MP3 de la vidéo", le DivX est une amélioration du MPEG-4 de Microsoft, il permet de diviser la taille d'un fichier par 10 tout en conservant une qualité d'image quasiment identique à l'original.

À quoi sert-il ?

Depuis son lancement, le DivX connaît un grand succès auprès des vidéastes amateurs. On estime que le codec DivX a été téléchargé plus de 20 millions de fois depuis 1999 ! Pourquoi un tel engouement ? D'abord parce que le DivX est un fabuleux moyen de dupliquer un film DVD sur un simple CD avec une qualité d'image quasiment identique à l'original. Ensuite parce que son système de compression autorise la diffusion de films sur Internet. Ces deux débouchés (et surtout le premier) ont donné au DivX une réputation de codec "pirate" et illicite dans un premier temps. Les Majors Hollywoodiennes ont craint un nouveau phénomène MP3 avec des films de cinéma circulant librement sur le Net. Une crainte d'ailleurs justifiée, puisqu'il est très facile de télécharger des films en DivX depuis son ordinateur. Aujourd'hui la situation est plus sereine. Les éditeurs de logiciels ont d'ailleurs intégré le codec DivX dans leurs solutions de montage et de copie.

Où le trouver ?

Vous pouvez télécharger gratuitement le codec DivX – dans sa version 5 au moment où nous rédigeons ces lignes – sur le site www.divx.com. Le fichier pèse un peu plus de 3 Mo.

Votre logiciel de montage vous permet d'exporter votre film au format DivX dès lors que son codec est installé dans votre machine. L'enjeu est de compresser un montage DV en DivX afin de le graver sur CD ou de le télécharger vers un site Web personnel.

EXPORTER SON MONTAGE EN DIVX AVEC VIDEOSTUDIO

- Dans un premier temps, faites un double clic sur le programme DivX que vous avez téléchargé puis suivez la procédure d'installation sur votre disque dur.
- Une fois le codec installé, lancez votre logiciel de montage. Dans notre exemple nous avons choisi VideoStudio de Ulead (version 5). Nous partons du principe que votre projet est terminé et qu'il ne vous reste plus qu'à exporter votre film.

Vous pouvez importer dans VideoStudio des fichiers au format AVI, QuickTime et MPEG.

- Allez dans la fenêtre d'exportation en cliquant sur l'onglet **Terminer**.
- Cliquez sur l'icône **Créer un film** afin de visualiser les différents formats de compression.

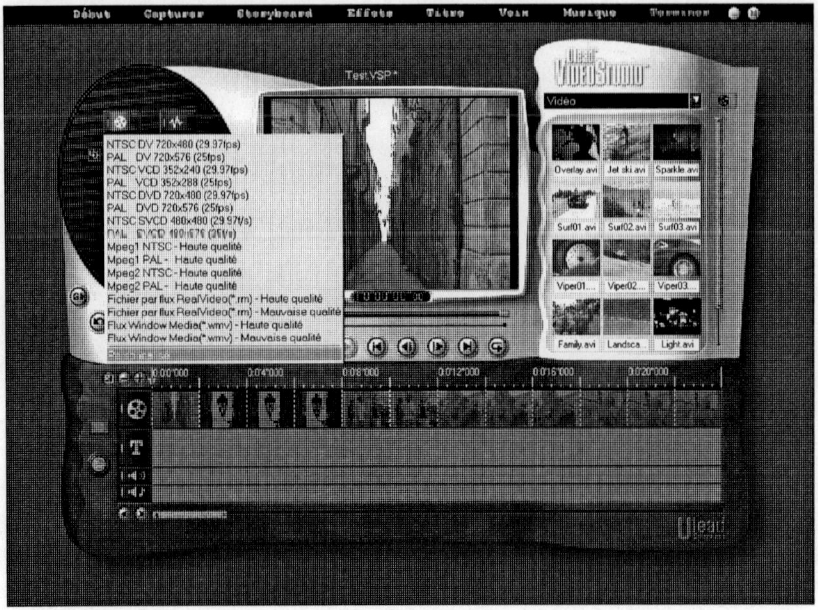

- Cliquez sur l'option **Personnalisé**.

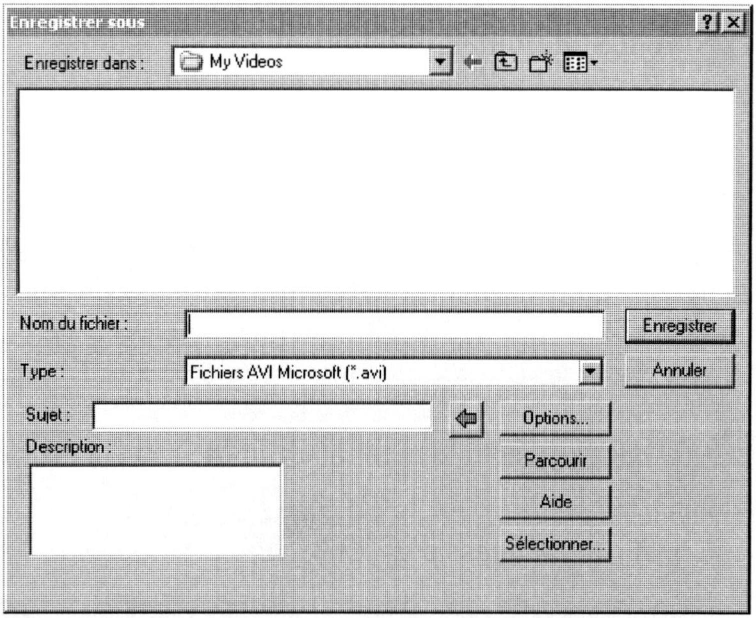

- Cliquez sur le bouton **Options** de la boîte de dialogue permettant d'enregistrer votre fichier.
- La fenêtre des options d'enregistrement s'ouvre, cliquez alors sur l'onglet **Compression** pour accéder à la liste des codec.
- Dans le menu déroulant **Compression**, sélectionnez l'option **DivX**.

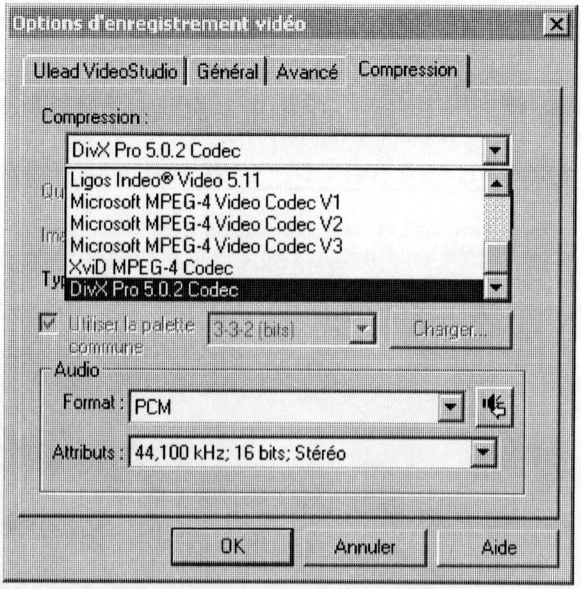

- Cliquez sur le bouton **OK**.
- Sélectionnez le dossier dans lequel le fichier doit être enregistré, saisissez son nom dans la zone correspondante puis cliquez sur le bouton **Enregistrer**.

VideoStudio amorce alors la compression DivX de votre montage. L'encodage peut prendre de plusieurs minutes à plusieurs heures selon la durée de votre film et la puissance de votre processeur.

- Lorsque l'encodage est terminé, il ne vous reste plus qu'à visionner votre fichier DivX pour juger du résultat.

Le DivX

L'exportation en DivX est possible avec n'importe quel logiciel de montage dès lors que celui-ci autorise la compression personnalisée du film (Pinnacle Studio, Adobe Premiere). DivX VideoDuplicator de BVRP est un logiciel permettant de copier un DVD-Vidéo sur un simple CD grâce à la compression DivX. Vous pouvez l'acheter en ligne sur le site www.bvrp.fr (44,22 €).

DUPLIQUER UN DVD AVEC DIVX VIDEODUPLICATOR

Attention, l'utilisation de ce logiciel est réservée à la création de copies autorisées, dont vous détenez l'original, pour votre propre usage et dans le cadre du cercle de famille. Les contrevenants s'exposent à des sanctions civiles et/ou pénales.

Pour réaliser ce pas à pas, vous avez besoin au minimum d'un PC Pentium III 450 MHz muni d'un lecteur DVD-Rom et d'un graveur de CD et de 128 Mo de mémoire vive.

- Lorsque le logiciel est installé, insérez votre film DVD dans le lecteur, un CD vierge dans votre graveur puis lancez l'application en cliquant sur l'icône **DivX VideoDuplicator Easy** présente sur votre Bureau.

La création d'un fichier DivX s'effectue en deux étapes : l'extraction des fichiers DVD et leur encodage. Le but de l'opération est d'extraire automatiquement un DVD au format DivX.

- Dans le cadre **Sélection de la source**, activez l'option **Extraire et encoder un DVD**.

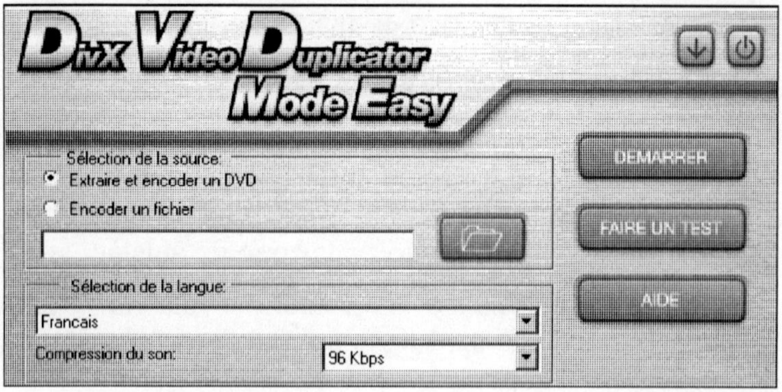

Attention, le DVD-Vidéo doit être placé dans votre lecteur pour que cette option soit visible.

- Dans le cadre **Sélection de la langue**, choisissez l'option **Français** dans la première liste déroulante.
- Pour la **Compression du son**, sélectionnez **96 Kbps** dans la liste correspondante ; cette valeur représente le meilleur compromis entre la qualité et la taille de la bande son.

Vous pouvez choisir une autre valeur (128 Kbps par exemple) mais notez que plus la taille occupée par la bande son est importante, moins vous disposerez d'espace pour la vidéo.

- Dans la première liste du cadre **Sélection de la qualité**, choisissez l'option **Automatique** afin de favoriser une qualité optimale selon des critères fixés par avance.

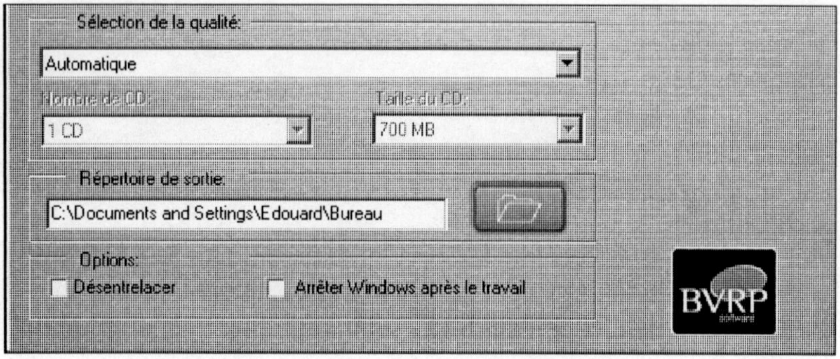

Pour mémoire, un film DVD de 1h38 sera enregistré sur 1 CD, un film DVD de 1h50 sera enregistré sur 2 CD. Évitez ainsi de mettre plus de deux heures de vidéo par CD car au-delà, la qualité finale serait médiocre.

- Modifiez, éventuellement, l'emplacement de sauvegarde du fichier DivX en saisissant son chemin d'accès dans la zone de saisie du cadre **Répertoire de Sortie** ou en le sélectionnant à l'aide de l'icône de dossier visible à droite de la zone de saisie.
- Une vidéo entrelacée se remarque par un tramage décalé de l'image (décalage de 1 ligne sur 2 à l'image) et l'apparition de lignes horizontales dans les scènes de mouvement en lecture sur un ordinateur. Si l'option **Désentrelacer** est cochée, l'image est reconstruite pour éviter ce désagrément. Cette fonction est utile pour des encodages à partir de DVD Zone 1 (aux USA) ou de vidéos acquises sur votre télévision.
- Cliquez sur le bouton **Démarrer** pour lancer le processus d'extraction selon les paramètres spécifiés et ouvrir la fenêtre **Extraction**.

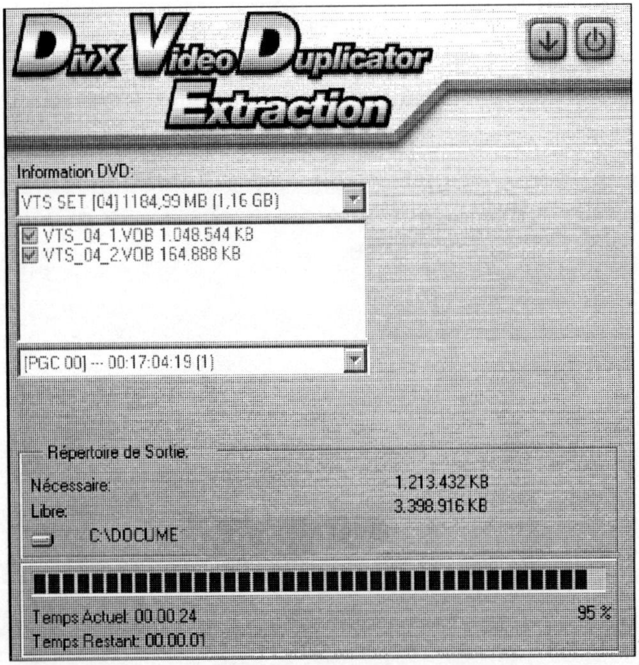

Le logiciel extrait les fichiers VOB de votre DVD et crée trois répertoires sur votre disque dur, nommés TOTAL, NEOPARAMS et LANGUE.

Les fichiers VOB, eux, sont stockés dans le dossier TOTAL.

Pour obtenir une idée de la qualité d'image finale, cliquez sur le bouton **Faire un test** pour lancer l'extraction d'une petite partie du film du premier chapitre.

En principe, la fenêtre **Traitement** s'ouvre automatiquement après l'extraction.

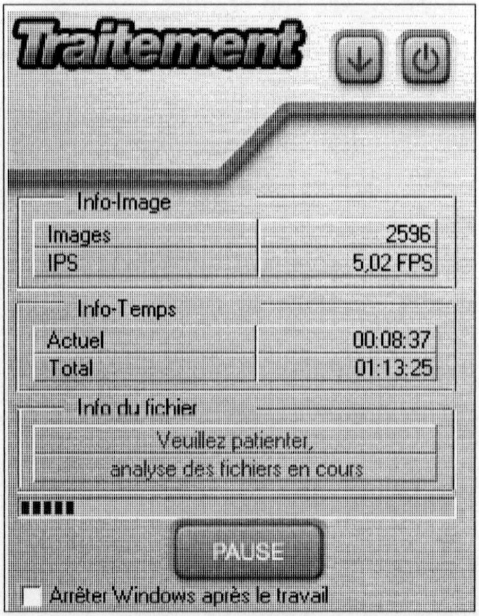

- Si ce n'est pas le cas, le logiciel retourne à la fenêtre principale et vous devez alors encoder chaque fichier VOB contenu dans le dossier **TOTAL** en DivX en cliquant sur **Encoder un fichier**. Cliquez ensuite sur le bouton **Démarrer** pour lancer le traitement.

Chaque fichier encodé en DivX est placé dans le dossier TOTAL.

L'encodage d'un film de 120 minutes peut durer de une à trois fois la durée du film selon les options de configuration sélectionnées en amont.

Lorsque votre film est encodé, DivX VideoDuplicator crée un fichier AVI dans le répertoire NEOPARAMS. La fenêtre **Traitement** est automatiquement refermée.

- Vous pouvez alors visualiser, et éventuellement graver, le fichier compressé résultant de l'encodage pour constater la qualité à l'aide du lecteur DivX Player fourni.

  Pour la copie sur CD, veillez à bien graver les trois répertoires.

DivX VideoDuplicator offre également un mode Pro qui vous permet de choisir la taille de l'image, le codec et une pléiade de paramètres très précis (encodage son et vidéo séparés).

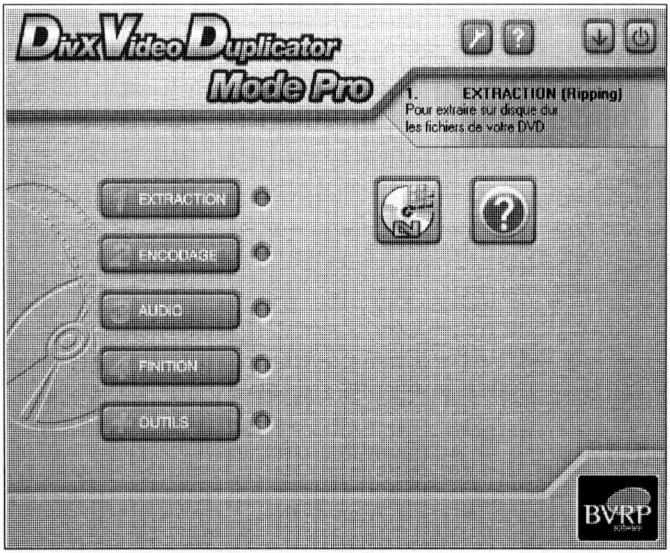

LIRE UN DIVX

Le principal moyen de lire un film DivX est l'ordinateur.

Soit vous double cliquez sur le fichier pour l'ouvrir, soit vous insérez le CD-Rom contenant le film DivX dans votre lecteur. Dans les deux cas, la décompression d'un DivX est très gourmande en ressources du processeur. Si votre PC n'est pas assez puissant (inférieur à 500 MHz), la lecture risque d'être saccadée, voire interrompue, surtout si elle s'effectue en plein écran.

Depuis 2002, il est toutefois possible de lire un CD encodé en DivX sur un **lecteur DVD de salon**. C'est le cas du DP450 commercialisé par la société KISS Technology. Cet appareil est compatible avec l'ensemble des formats DVD mais lit également les VCD, les SVCD, les fichiers MP3 et le MPEG-4. Il faut parier que ce premier jet fera boule de neige et entraînera d'autres marques dans la fabrication de lecteurs DVD compatibles DivX.

Le DP450 de Kiss lit les DivX.

5e Partie

Numériser ses anciens films

Numériser ses anciens films

Qui n'a pas gardé au fond de ses tiroirs d'innombrables cassettes VHS, 8 mm et Hi8 de ses vacances aux sports d'hiver ? Un seul problème : la bande analogique se dégrade avec le temps et le magnétoscope n'est pas éternel. Pas de panique, la vidéo numérique entraîne avec elle un bataillon de solutions pour numériser vos anciennes vidéos.

POURQUOI NUMÉRISER ?

Lorsqu'un nouveau média voit le jour, le consommateur doit s'adapter à l'évolution du marché pour relire ses anciens supports. C'est le cas pour la cassette analogique (VHS, S-VHS, 8 mm et Hi8) qui a été définitivement supplantée par la cassette numérique (MiniDV, Digital 8, MicroMV) et plus spécialement par le DVD. Deux problèmes majeurs se posent ainsi à l'utilisateur : primo, stopper la dégradation de la bande magnétique due aux lectures successives dans le temps, secundo, pouvoir lire sa cassette jusqu'à la fin de ses jours. En effet, le problème n'est pas tant de conserver intact ses souvenirs, encore faut-il pouvoir les visionner avec un appareil en état de marche. Or, il n'est pas dit que votre bon vieux magnétoscope soit encore valide dans dix ans, d'autant que sa présence dans les rayons tend progressivement à disparaître.

L'ANALOGIQUE EST MORT, VIVE LE NUMÉRIQUE !

La vidéo numérique vante plusieurs arguments. Comme nous l'avons dit, ce n'est pas seulement une nouveauté, c'est un progrès : qualité d'image supérieure, pas de perte en copie, compatibilité avec les ordinateurs et supports de diffusion variés sont autant d'arguments pour vous séduire. Deuxième avantage : vous pouvez numériser vos anciennes cassettes, c'est-à-dire les transférer sur une cassette MiniDV, un ordinateur, un CD ou un DVD. Les données vidéo d'un support numérique sont une suite de 0 et de 1, c'est-à-dire qu'elles ne se dégradent pas avec le temps.

Tout l'intérêt de la numérisation est là, car une fois numérisé vous pourrez retravailler votre ancien film comme n'importe quelle vidéo DV. Gardez toutefois à l'esprit que la numérisation d'un film analogique n'améliore pas sa qualité d'image. Il sera préservé du vieillissement, mais la conversion analogique/numérique engendre une légère perte de qualité d'image.

NUMÉRISER UN FILM VHS AVEC UN CAMÉSCOPE DV

L'objectif ici est de copier un film VHS Pal en provenance d'un magnétoscope sur une cassette numérique MiniDV (ou Digital 8). Pour cela, vous avez besoin d'un caméscope numérique doté d'une entrée analogique (marquée A/V In sur votre appareil). Notez bien le mot "entrée" car si la sortie analogique est présente sur tous les appareils pour lire une cassette sur un téléviseur, l'entrée analogique, elle, permet au caméscope numérique d'enregistrer à partir de n'importe quelle source analogique : magnétoscope VHS, caméscope Hi8 ou téléviseur.

- Mettez une cassette vierge dans le caméscope numérique et la cassette VHS que vous souhaitez copier dans le magnétoscope.
- Placez l'interrupteur du caméscope numérique en position "magnétoscope" (VCR).
- Reliez les deux appareils avec un câble composite A/V ou un câble S-Vidéo.
- Dans le menu du caméscope numérique, activez bien l'entrée analogique (A/V In & Out sur On).
- Lancez alors la lecture du magnétoscope VHS et appuyez simultanément sur les touches REC et Play du caméscope numérique.

Attention, le bouton REC du caméscope DV est une touche spécifique du boîtier (ou de la télécommande) différente de celle de la prise de vue. Pour cela consultez la notice.

Si tout se passe bien, le film doit apparaître dans l'écran LCD du caméscope numérique et l'enregistrement doit être annoncé par un témoin lumineux rouge.

- Laissez la bande tourner, votre film VHS Pal se convertit en DV...

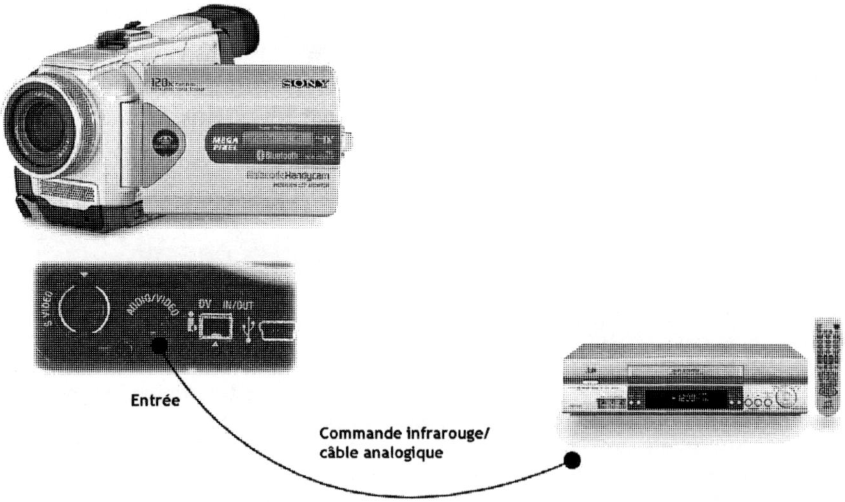

Cette procédure de numérisation est également praticable avec un caméscope 8 mm/VHS-C. Il sera toutefois nécessaire que ces derniers possèdent une sortie analogique composite pour envoyer le signal vers votre caméscope DV.

NUMÉRISER AVEC UN CAMÉSCOPE DIGITAL 8

Les caméscopes numériques Digital 8 sont compatibles en lecture comme à l'enregistrement avec les anciennes cassettes 8 mm et Hi8 (à l'exception du Sony DCR-TRV140).

Il suffit donc d'insérer une cassette Hi8 dans le caméscope D8 et de brancher ce dernier à un ordinateur via un câble FireWire pour numériser le film Hi8 sur PC ou Mac avec votre logiciel de montage.

Le film Hi8 deviendra naturellement un film numérique DV.

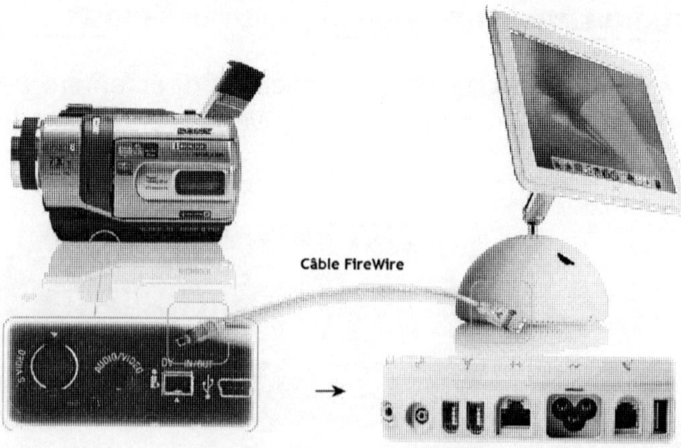

Cette méthode de numérisation est la plus efficace. Elle n'occasionne pratiquement aucune perte de qualité d'image puisque le transfert est totalement numérique.

NUMÉRISER UN FILM ANALOGIQUE AVEC UN ORDINATEUR

Il s'agit cette fois de transférer directement de la vidéo analogique sur le disque dur de votre ordinateur. Cette méthode est intéressante si vous souhaitez faire un montage et graver le projet final sur CD ou DVD. Pour cela, votre ordinateur doit impérativement posséder une carte d'acquisition vidéo munie de prises d'entrées analogiques composites A/V ou S-Vidéo (exemple : Pinnacle DC10+).

- Lancez votre logiciel de montage (Pinnacle Studio 8, par exemple) et lancez la capture vidéo.

Vous devrez piloter le caméscope analogique vous-même avec les boutons de lecture, car l'interface analogique ne permet pas un pilotage depuis l'interface du logiciel comme avec le FireWire.

- Si votre ordinateur possède déjà une carte d'acquisition vidéo numérique, contentez-vous d'acheter un convertisseur analogique/numérique (carte ou boîtier externe) que vous brancherez sur la prise FireWire de votre ordinateur. Ces convertisseurs font la passerelle entre l'ordinateur et le caméscope Hi8 ou un magnétoscope VHS.

Rappelez-vous que les caméscopes numériques Sony Digital 8 lisent sans problème les cassettes 8 mm et Hi8. Grâce à leur prise DV, ils peuvent transférer la vidéo sur un ordinateur via l'interface FireWire. C'est un moyen simple et rapide de numériser vos anciens films.

LES CONVERTISSEURS ANALOGIQUE/NUMÉRIQUE

Les **boîtiers externes** se branchent directement à votre PC. C'est la solution la plus simple pour convertir ses anciens films.

Voici quelques références :

Canopus ADVC-100 : si ouvrir votre ordinateur vous fait peur, ce boîtier externe Canopus se branche simplement sur la prise numérique FireWire de votre PC ou Mac. Il ne vous reste plus qu'à brancher votre ancien caméscope Hi8 ou votre magnétoscope au ADVC-100 et le tour est joué. Un appareil efficace qui a l'avantage d'être portable et livré avec câble numérique DV. Prix : 440 €.

Dazzle Hollywood DV Bridge : le DV Bridge transfère vos vidéos de l'analogique au DV et vice versa en se branchant sur la prise FireWire de votre PC ou Mac. L'appareil possède des entrées/sorties numériques et analogiques et intègre deux logiciels de montage (Main Actor et Video Wave 4). Livré avec un câble de liaison DV. Prix : 440 €.

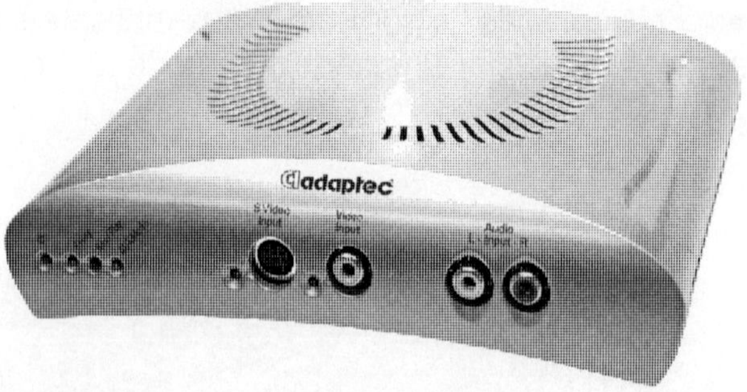

Adaptec VideOh! DVD : ce boîtier externe permet de copier votre film analogique (VHS, 8 mm, Hi8) sur un DVD (2 heures maxi). Après l'avoir branché sur un PC, vous lancez la lecture de la cassette et le boîtier se charge de numériser la vidéo en temps réel en MPEG-2 (le format vidéo DVD). Il ne vous reste plus qu'à élaborer votre menu avec des vignettes pour chaque séquence grâce au logiciel MyDVD fourni et à graver votre film. Prix : 269 €.

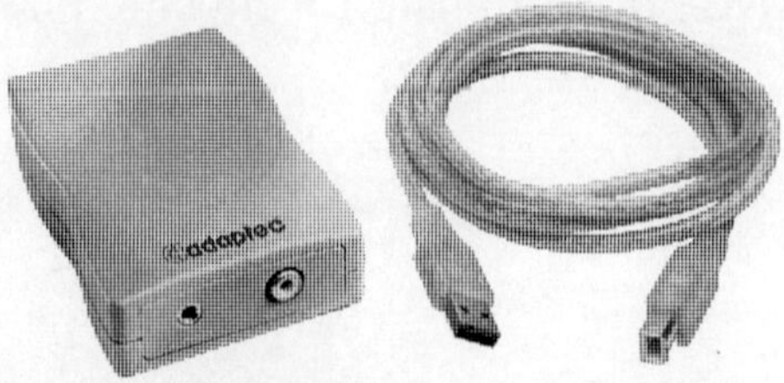

Adaptec VideOh! CD : cet appareil transfère la vidéo analogique sur CD. Il se branche à la prise USB du PC et convertit la VHS en MPEG-1 en temps réel pour faire un Vidéo-CD lisible sur lecteur DVD de salon. Prix : 99 €.

Les cartes, elles, s'adressent aux utilisateurs plus expérimentés capables d'installer une carter PCI dans leur ordinateur.

Canopus ADVC-50 : cette carte s'installe dans votre ordinateur (Mac ou PC) en façade ou à l'arrière. Attention, il ne s'agit pas d'une carte de capture mais bien de conversion, votre ordinateur doit donc déjà posséder une carte d'acquisition FireWire à laquelle vous raccorderez le ADVC-50. Le transfert s'effectue quasiment sans perte. Prix : 279 €.

Pinnacle DC10+ : elle est dotée des entrées/sorties analogiques S-Vidéo et composite. Attention, vous n'avez pas les prises numériques et ne pourrez donc pas acquérir de la vidéo avec un caméscope DV. Prix : 229 €.

Adaptec VideOh! PCI : cette carte s'adresse aux utilisateurs expérimentés. Elle doit s'installer à l'intérieur du PC et elle convertit l'analogique en MPEG-2 pour faire un DVD. Prix : 225 €.

NUMÉRISER DU SECAM

Il existe trois standard de diffusion vidéo dans le monde :

Le **NTSC** (*National Television Standard Comittee*), né en 1953 est composé de 525 lignes de balayage et est utilisé aux États-Unis et au Japon.

Le **PAL** (*Phase Alternation Line*) est principalement utilisé en Europe depuis 1967 et est composé de 626 lignes de balayage.

Le **SECAM** (*Système sEquentiel Couleur À Mémoire*), lui, est un standard de diffusion principalement adopté par la France depuis 1967 avec 625 lignes de balayage. Nos programmes télévisés sont diffusés dans ce format et JVC a commercialisé jusqu'en 2001 des caméscopes analogiques VHS-C Secam. Du coup de nombreuses personnes possèdent de vieux enregistrements analogiques SECAM. Le SECAM est donc aujourd'hui très marginal dans le monde de la vidéo.

Or, comme nous l'avons dit, la totalité des appareils vidéo commercialisés en Europe occidentale (télévisions, caméscopes, logiciels de montage) fonctionnent en système PAL. Cette divergence de standard se traduit par une image parasitée en noir et blanc lorsqu'on essaie de numériser un signal SECAM avec un caméscope ou un logiciel de montage PAL.

La numérisation en SECAM est donc un vrai casse-tête pour l'utilisateur qui souhaite numériser ses anciennes cassettes JVC ou VHS SECAM.

Pour conserver la couleur de vos images, il existe toutefois deux solutions :

- La première est de trouver un **convertisseur externe analogique/numérique** gérant le SECAM en capture. C'est le cas du VideOh ! CD d'Adaptec, du DVC80 de Dazzle (99 €) ou du PCTV Deluxe de Pinnacle (249 €). La qualité d'image sera dégradée à cause du transfert analogique mais aussi en raison de la compression MPEG, puisque ces appareils ont pour vocation de numériser des films pour les graver sur CD et DVD.
- La deuxième solution est de vous procurer un transcodeur SECAM/PAL et de le brancher entre votre magnétoscope VHS (ou votre caméscope JVC) et le caméscope DV. La société Vidéo Neill en commercialise (http://www.videoneill.com).

À titre d'exemple, nous allons vous montrer comment numériser un signal vidéo Secam avec le boîtier PCTV Deluxe de Pinnacle.

Le Pinnacle PCTVD Deluxe est un boîtier externe capable de capturer de la vidéo en temps réel à partir d'un téléviseur, d'un magnétoscope VHS ou d'un caméscope grâce à ses entrées analogiques composite. Il comprend également un tuner TV pour recevoir et enregistrer directement des programmes télé (NTSC, Pal et Secam). Il se branche entre l'appareil source (une télévision par exemple) et votre ordinateur via un câble USB. Et puisqu'il s'agit d'un boîtier externe, vous pouvez l'utiliser sans problème avec un portable.

Le boîtier PCTV Deluxe comprend des entrées composites et un tuner TV.

Dans ce pas à pas, nous allons numériser une cassette VHS Secam de magnétoscope. L'enregistrement date de 1994 et se dégrade chaque année davantage. Une numérisation s'impose donc pour stopper les dégâts.

- Branchez votre boîtier à l'ordinateur (PC uniquement) avec le câble USB et au magnétoscope avec un câble analogique composite (fiches jaune, rouge et blanche).
- Lancez l'application PCTV Deluxe Vision en double-cliquant sur l'icône 

.

L'interface principale s'ouvre avec le moniteur et les touches de lecture.

- Cliquez sur l'icône  pour accéder aux paramètres.

La fenêtre des paramètres s'ouvre.

- Cliquez sur l'onglet **Vidéo**.
- Dans la liste **Entrée Vidéo**, sélectionnez l'option **Composite** afin que le boîtier se connecte au magnétoscope.

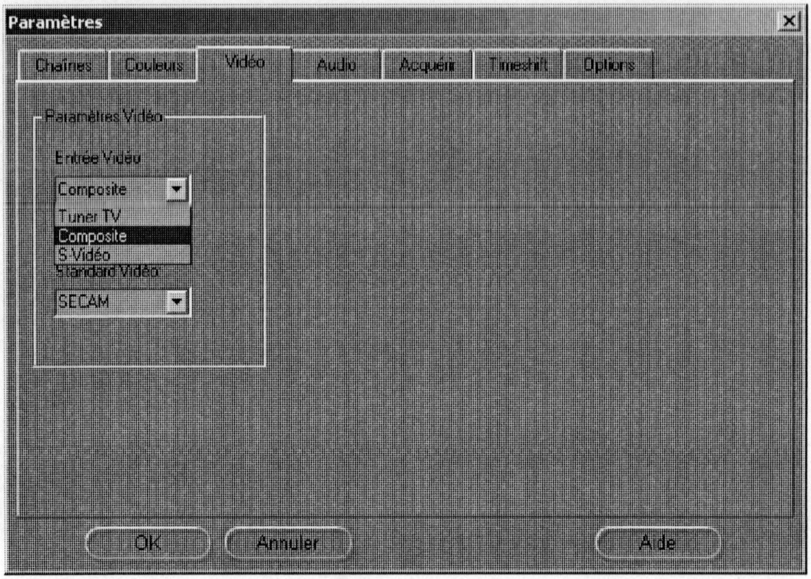

- Enfin, dans la liste **Standard Vidéo**, sélectionnez **SECAM** (le standard dans lequel votre cassette a été enregistrée).
- Cliquez ensuite sur l'onglet **Acquérir** afin de définir la compression et la qualité d'enregistrement.
- Activez l'option **DVD** du cadre **Profil** afin d'obtenir la meilleure compression possible : **Compression MPEG 2** avec une résolution **(Taille)** de **720 x 576**.

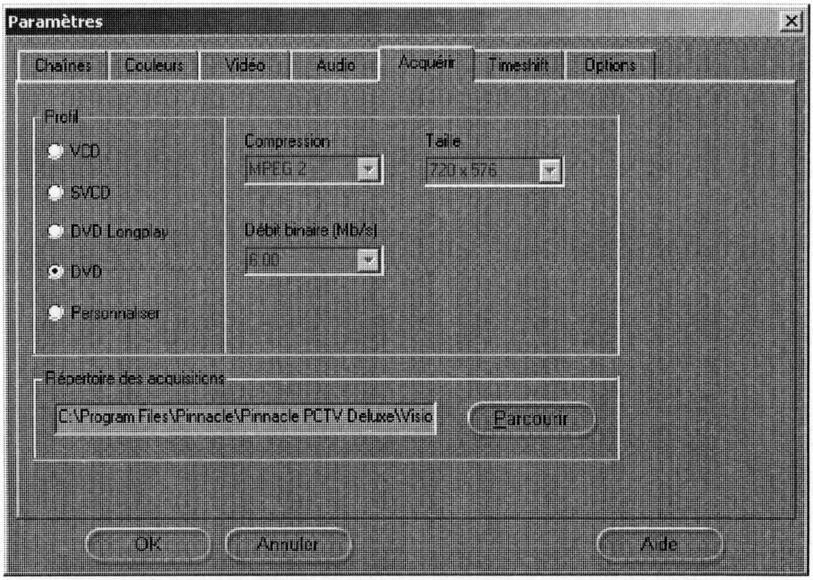

- Validez en cliquant sur le bouton **OK**.

Vous retournez à l'interface principale.

Le moniteur de contrôle doit normalement afficher le signal vidéo de votre magnétoscope.

- Lancez la lecture de la cassette puis cliquez sur le bouton  pour lancer l'enregistrement.
- Cliquez de nouveau sur le bouton  pour stopper l'enregistrement.

Studio PCTV Deluxe ouvre alors automatiquement une nouvelle fenêtre dans laquelle apparaît la vignette de votre vidéo. Votre film VHS est désormais numérisé au format MPEG-2 sur votre disque dur. Pour le lire, il vous suffit de cliquer deux fois sur la vignette.

- Vous pouvez ensuite graver ce fichier vidéo sur CD en cliquant sur le bouton **Graver**.

À noter que la PCTV Deluxe est compatible avec les ports USB 2.0 qui autorisent un débit supérieur à l'USB 1.0 traditionnel. Ceci permet d'obtenir une meilleure qualité d'image. Le boîtier est aussi accompagné d'une télécommande à distance, d'un câble USB et du logiciel Trex pour convertir tous vos enregistrements MPEG en AVI, DV, VCD etc.

Les sites Web de la vidéo

Internet regorge de sites Web professionnels et amateurs dédiés aux multiples aspects de la vidéo numérique. Ces derniers pourront vous aider à trouver des informations, échanger des opinions avec d'autres utilisateurs, résoudre des problèmes et acheter du matériel vidéo.

LES SITES D'INFORMATIONS

DV Forever

Outre des actualités sur la vidéo, ce site rassemble des dizaines d'internautes chaque jour sur ses nombreux forums répartis en rubriques (caméscopes, montage, gravure DVD, compression, Internet, effets spéciaux, tournage). Un site incontournable si des questions vous hantent lors de la réalisation de vos travaux numériques. Le webmaster Steven-Marc Couchouron, est lui-même réalisateur professionnel et auteur d'un long métrage en DV nommé "Shadow Girl".

http://www.dvforever.com

Le repaire

L'intérêt essentiel de ce site est la masse d'informations qu'il délivre à travers les communiqués, les dossiers thématiques, les tests de matériels et le forum des internautes. Encore un incontournable de la vidéo numérique !

http://www.repaire.net

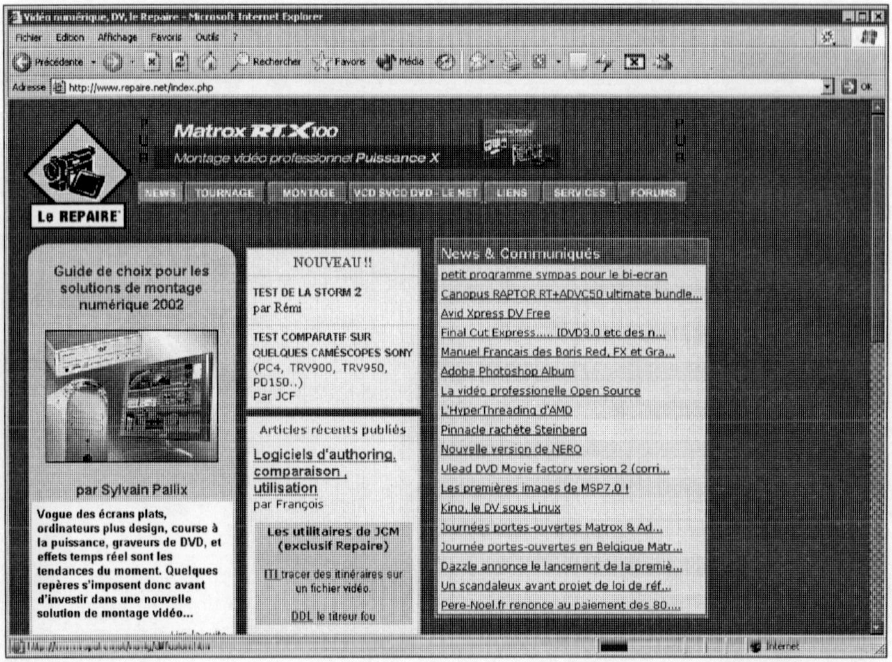

Planète Numérique

Ce site est particulièrement consacré à la vidéo numérique sur DVD, VCD, SVCD et DivX. News, tests de graveurs, dossiers thématiques, ateliers d'utilisation de logiciels et liens de téléchargement, tout y est.

http://www.planete-numerique.com

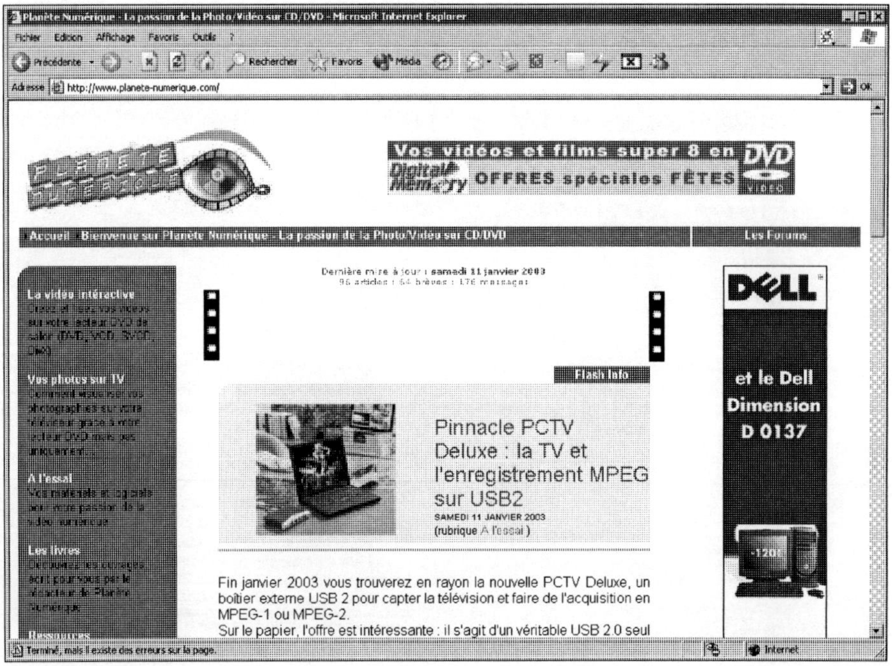

France Vidéo

Site d'aide aux débutants, il propose des communiqués sur les nouveautés, des logiciels en téléchargement, des explications techniques sur les caméscopes et les logiciels.
http://francevideo.free.fr

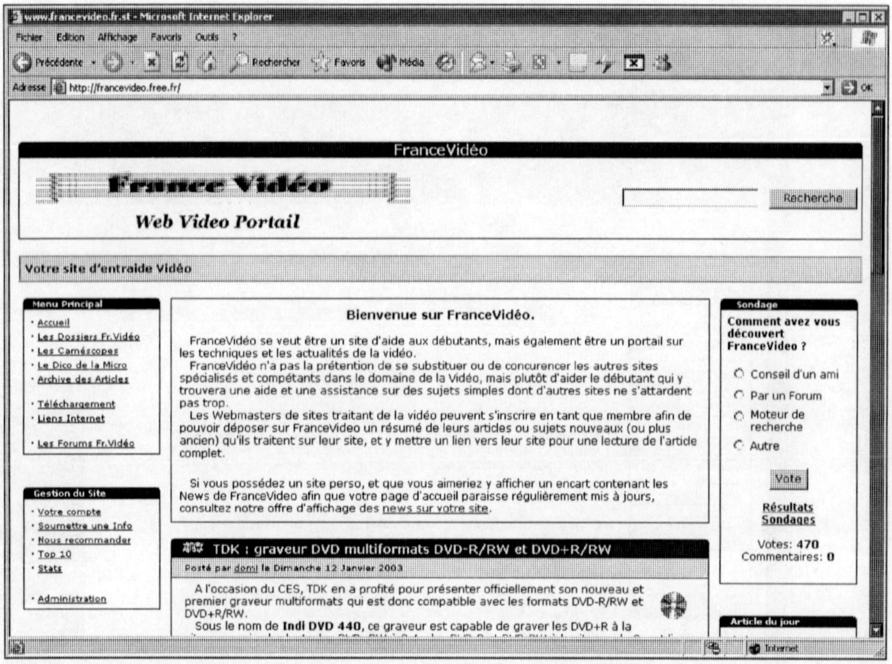

Media Video

Un site qui s'articule autour de news et de dossiers sur la compression, la capture vidéo et le matériel informatique et de salon.
http://media-video.com

Son-Vidéo

Ce site aborde la vidéo numérique dans son ensemble. Lecteurs DVD, graveurs, caméscopes, téléviseurs 16:9, vidéo-projecteurs, magnétoscopes et accessoires sont au menu de ce site généraliste. Un véritable catalogue.

http://www.son-video.com

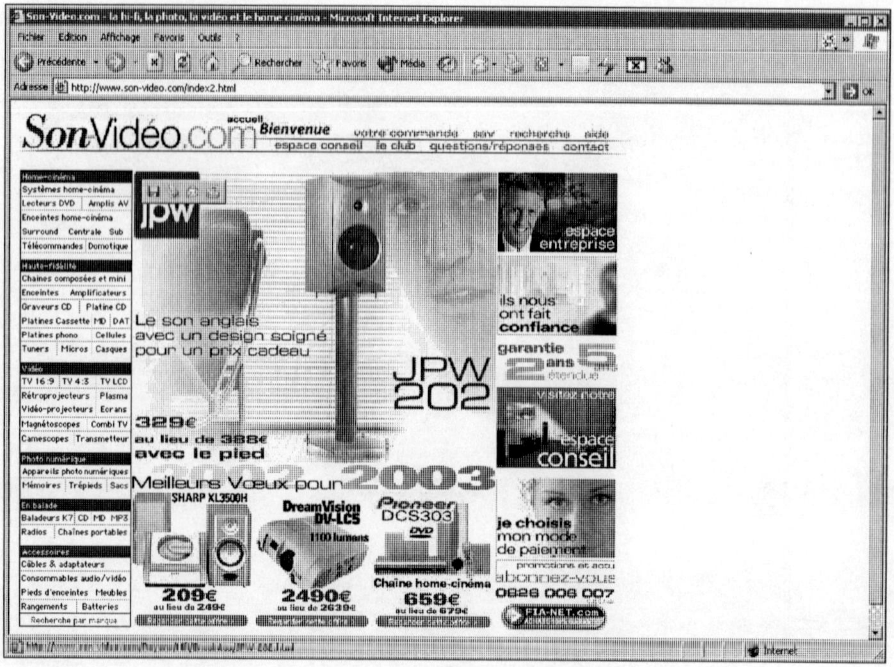

Videotruc

Résolument tourné vers les vidéastes amateurs, ce site propose des conseils pratiques, des informations, un lexique et des petites annonces. Vous trouverez de nombreuses réponses aux petites questions quotidiennes de la vidéo.
http://www.videotruc.com

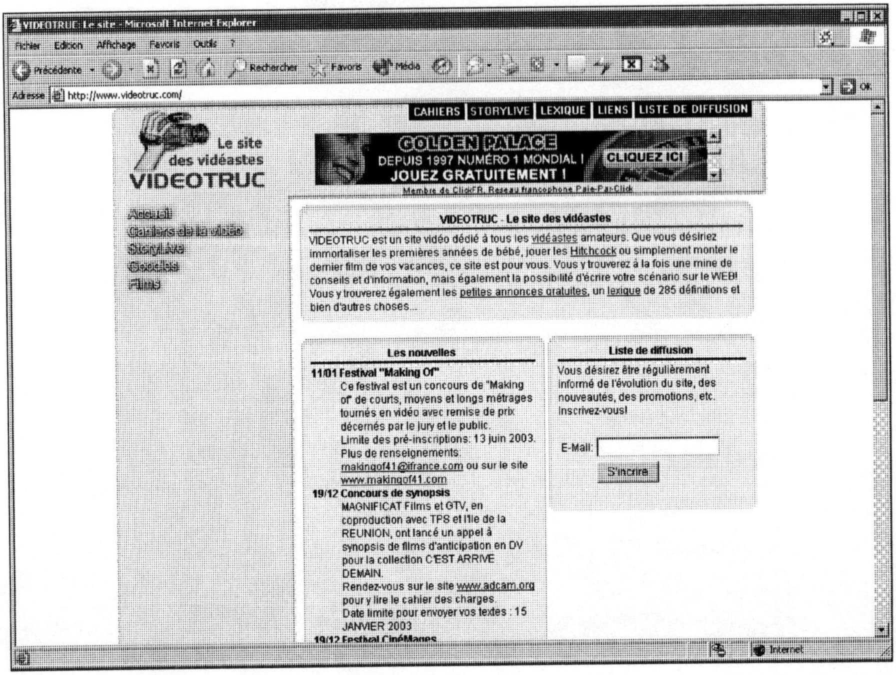

LES SITES D'ACHAT EN LIGNE

Nomatica

Ce site vous permet d'acheter du matériel photo et vidéo numérique à des prix avantageux ; le matériel est livré chez vous. Un moteur de recherche et un menu vous permettent de trouver votre bonheur selon votre budget, la marque et le type d'appareil désirés.
http://www.nomatica.com

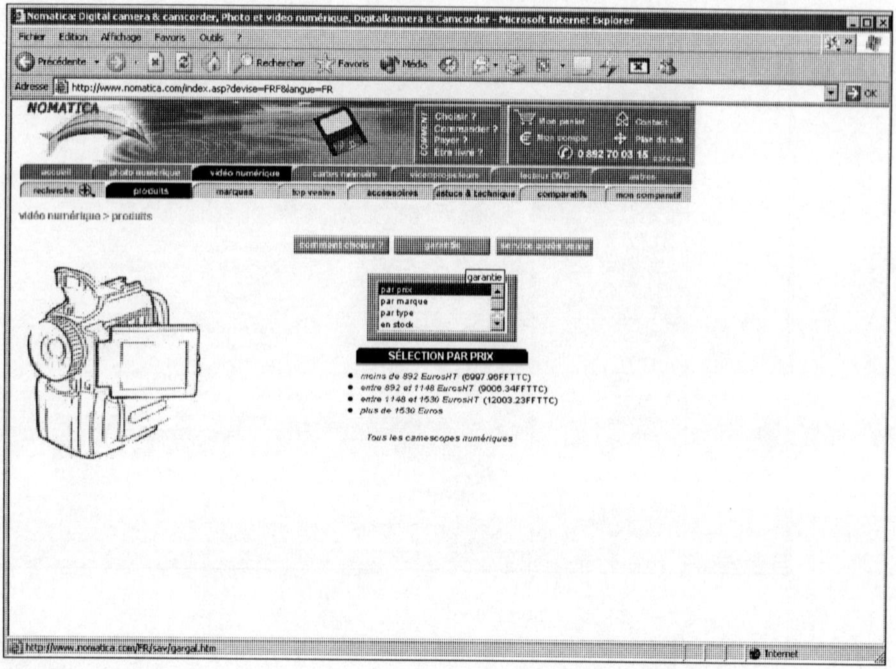

Digital Shopping

Vous trouverez sur ce site des caméscopes, des appareils photo numériques et des accessoires (batterie, torche, câbles). Les prix sont également plus avantageux que dans le commerce traditionnel.
http://www.digital-shopping.fr

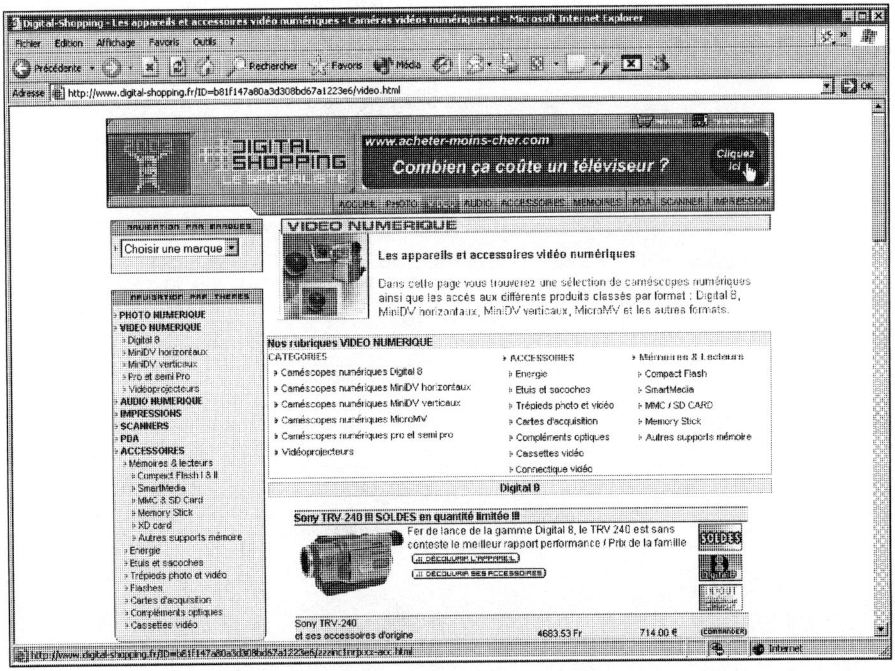

16:9 Format d'image dont le rapport d'aspect est de 16 en largeur sur 9 en hauteur. La plupart des caméscopes disposent d'un mode 16:9 qui incruste une bande noire masquant le haut et le bas de l'image.

4:3 Format d'image dont le rapport est de 4 en largeur sur 3 en hauteur. Les caméscopes filment en mode 4:3 pour être compatible avec les téléviseurs classiques.

Analogique Représentation de données sous formes de niveaux physiques. S'oppose à numérique.

AVI Format de fichier vidéo développé par Microsoft sur PC. Lorsque vous capturez de la vidéo de votre caméscope DV avec un logiciel de montage sur PC, vos fichiers portent l'extension .avi

Balance des blancs Évaluation de la température de lumière permettant d'obtenir une reproduction fidèle des blancs. Tous les caméscopes disposent aujourd'hui d'une balance des blancs automatique.

Bruit Élément parasite d'un signal vidéo se traduisant par un effet de neige sur l'image en faible lumière (appelé aussi "grain"). Le terme s'utilise aussi pour l'audio.

Caméscope Contraction de *caméra* et *magnétoscope.* Caméra vidéo pouvant fonctionner également comme un magnetoscope.

Capteur CCD Capteur doté d'une surface photosensible convertissant la lumière en charges électriques.

CCD Abréviation de *Charged Coupled Device* (dispositif à transfert de charges)

Chrominance La chrominance est la partie du signal vidéo qui contient les informations de couleur, c'est-à-dire la teinte et la saturation. Elle est complémentaire de la luminance.

Chutier	Endroit où sont stockés les éléments qui vont servir à la constitution du montage. Dans un logiciel de montage non linéaire, il s'agit généralement d'un dossier dans lequel sont répertoriés les clips audio et vidéo.
Codec	Abréviation de codeur et décodeur. Il permet d'encoder un signal dans un format particulier. En vidéo numérique, un codec sert généralement à compresser les données.
Compilation	Lorsqu'un filtre d'effet est appliqué à un élément audio ou vidéo, le logiciel doit calculer l'effet de ce filtre sur l'élément en question. L'effet doit ainsi être compilé avant de pouvoir être visualisé.
Contraste	Effet obtenu par l'opposition de la lumière et de l'ombre, ou par l'opposition de valeur des couleurs. La vidéo tolère moins bien les forts contrastes que le film.
Cut	Coupe franche. Apposition de deux clips vidéo sans transition visible entre eux.
Découpage	Opération consistant à diviser une scène en un certain nombre de plans numérotés avant le tournage.
Dérushage	Opération similaire au découpage, mais qui consiste à identifier les différents plans après le tournage, en y ajoutant généralement des commentaires pour leur utilisation future lors du montage.
Digital 8	Format de vidéo numérique développé par Sony, qui utilise la compression DV sur des cassettes magnétiques de type Hi8.

DivX Codec de compression vidéo dérivé du MPEG-4. Popularisé par l'échange de films sur Internet ou gravés sur CD. A été appelé "le MP3 de la vidéo". Grâce à ce codec, on peut enregistrer jusqu'à 90 minutes de vidéo haute qualité sur CD-Rom.

DMA Direct Memory Access. Procédé qui permet d'accélérer le transfert des données entre le disque dur et la mémoire système. L'absence de son activation est souvent la source de problèmes au moment de l'acquisition.

DV Digital Video, anciennement Digital Video Cassette (DVC). Format d'enregistrement vidéo numérique sur bande en métal évaporé (ME) de 1/4. Format numérique grand public désormais universel.

DVCAM Variante professionnelle du DV introduite par Sony. La compression est identique à celle du DV. La bande est plus large et la vitesse de défilement plus rapide.

DVD Digital Video Disc ou Digital Versatile Disc. Support de stockage de type CD permettant de stocker 4,7 Go de données dans sa forme simple couche, simple face. Utilisé aussi bien pour la diffusion de films vidéo (DVD-Vidéo) que pour le stockage de données informatiques (DVD-Rom).

DVD-R DVD enregistrable une seule fois (analogie avec le CD-R).

DVD-RW DVD réinscriptible (analogie avec le CD-RW).

DVD+RW DVD réinscriptible multisession développé par Philips. Format concurrent du DVD-RW.

DV-in Entrée DV sur un caméscope. Cette entrée est désactivée sur certains caméscopes vendus en Europe (problème de taxation des magnétoscopes). Elle peut parfois être activée à l'aide d'une télécommande ou d'un logiciel et d'un câble spécifique.

Entrelacement L'entrelacement permet un affichage plus fluide de la vidéo. Lorsqu'un signal vidéo est entrelacé, chaque image est affichée par un balayage de deux demi-images (sur un téléviseur dont l'affichage est rafraîchi à 50 Hz, on peut théoriquement afficher 50 images par seconde). On peut donc afficher deux fois chaque image d'une vidéo à 25 images par seconde. En fait chaque image est affichée en deux demi-images : une sur les **trames** paires de la télévision, l'autre sur les trames impaires). L'affichage d'une image entrelacée sur un moniteur informatique à affichage progressif peut engendrer un effet de peigne sur les images en mouvement. Pour un rendu sur moniteur informatique, on prendra donc soin de **désentrelacer** la vidéo.

Étalonnage Opération visant à ajuster les niveaux de chrominance et de luminance de différents plans d'une même séquence afin de lui assurer une continuité visuelle.

Exposition L'exposition d'une image est définie au moment de la prise de vue par la vitesse d'obturation et l'ouverture du diaphragme, en rapport avec l'éclairement disponible. Une image correctement exposée permet de conserver des détails dans les zones d'ombre, sans que les zones claires soient pour autant saturées.

FireWire Également connu sous les noms *IEEE-1394* ou *i-Link,* le FireWire est une interface de transmission de données informatiques. Cette interface permet le branchement de périphériques externes, comme des caméscopes, mais également des disques durs, des graveurs, des scanners, etc.

Fondu Transition entre deux plans obtenue par un obscurcissement ou un éclaircissement graduel de l'image. Peut être réalisé au tournage ou au montage.

Fondu enchaîné Fondu entre deux plans effectué de manière progressive et harmonieuse. Le fondu est la transition la plus utilisée parce qu'elle donne une impression de fluidité aux enchaînements. S'oppose au **cut**.

Forme d'onde Représentation d'un son par la variation de l'amplitude de l'onde dans temps.

Gain Degré d'amplification d'un signal vidéo ou audio. Sur les caméscopes numériques, le réglage du gain permet d'en augmenter la sensibilité, au prix d'une augmentation du bruit dans l'image.

Gamma Facteur de contraste vidéo.

Hertz Unité de mesure de la fréquence correspondant à un cycle par seconde.

IEEE-1394 voir **FireWire**

Insert Plan de courte durée ajouté à une **séquence**. Il s'agit généralement d'un plan rapproché ou d'un gros plan sur un détail ou une action précise.

Luminance La luminance est la partie du **signal** vidéo qui comporte les informations d'intensité de la lumière pour chaque pixel. Elle est complémentaire de la **chrominance**.

Master Bande vidéo contenant le montage définitif. Le master sert à effectuer des copies du montage final.

MiniDVD Il s'agit d'une structure de **DVD gravée sur support CD Rom**. MediaStudio Pro 6.5 ou Nero 5 permettent de réaliser des miniDVD avec une structure de navigation comme sur un vrai DVD. Ces miniDVD ne peuvent malheureusement pas être lus sur la plupart des lecteurs DVD de salon en raison de problèmes de reconnaissance du support par leur laser. Seuls certains modèles avec deux lasers dans des fréquences différentes permettraient d'y arriver. À tester avant d'acheter !

Mixage du son Opération consistant à mélanger plusieurs bandes sonores en ajustant les niveaux de chacune d'entre elles. Le mixage permet ainsi d'ajuster le volume sonore entre le son direct, la musique et les commentaires.

Moniteur Un moniteur est un téléviseur dépourvu de tuner mais possédant des entrées audio et vidéo sur lesquelles pourra être branché un **caméscope** ou un magnétoscope. Généralement de meilleure qualité qu'un téléviseur grand public, le moniteur permet de contrôler la qualité de l'image.

Montage Opération consistant à assembler les différents plans du film. Le terme est également utilisé pour désigner le film lui-même, réalisé à partir de différents éléments sources.

MOV Extension de fichier vidéo QuickTime développé par Apple sur Mac.

MP3 Abréviation de *MPEG1 Layer-3.* Le MP3 permet une compression audio efficace basée sur les limites de la perception auditive humaine (correspond au taux de 96 à 128 kilo bits par secondes). Format popularisé par l'échange de fichiers musicaux sur Internet. On compte environ 1 mégaoctet par minute compressée au taux de 128 kilobits par secondes.

MPEG — *Motion Picture Expert Group.* Nom du comité international qui a développé les formats de compression audio et vidéo MPEG.

MPEG-1 — Standard de compression utilisé principalement pour la création de **Vidéo-CD** (VCD).

MPEG-2 — Évolution du **MPEG-1**, utilisé pour la création de **DVD** et de **SVCD**.

MPEG-4 — Méthode de compression plus performante que le **MPEG-2**. Voir aussi **DivX**.

NTSC — *National Television Standard Committee.* Standard américain et japonais de télévision couleur.

Numérique — Représentation des données par éléments binaires 1 ou 0. S'oppose à **analogique**

OHCI — *Open Host Controller Interface.* Standard de compatibilité entre logiciels et matériels. Permet de s'assurer de la compatibilité entre une carte **FireWire**, le **caméscope** et le logiciel d'acquisition utilisé.

PAL — *Phase Alternation Line*. Standard européen de télévision couleur. Notez qu'en France on utilise le standard SECAM.

Pilote — Également connu sous le nom de *driver,* le pilote est un logiciel qui permet à un matériel informatique spécifique d'être reconnu et piloté par le système.

Pixel — Abréviation de *picture cell.* Plus petit élément d'une image.

Plan — Un plan est une séquence d'images filmées sans interruption, sans coupe.

Plan de coupe — Plan inséré dans une séquence ne faisant pas partie du plan principal, mais généralement en rapport avec l'action principale.

Profondeur de champ — Zone de netteté dans l'image.

QuickTime	Logiciel de lecture et de codage audio/vidéo mis au point par Apple.
Real Media Player	Logiciel de lecture multimédia développé par Real Network.
Ripper	Action de décoder les fichiers vidéo et audio d'un DVD pour les enregistrer sur ordinateur dans un autre format.
SECAM	Système sEquentiel Couleur À Mémoire. Standard français de télévision couleur.
Séquence	Ensemble de plans constituant une scène.
Signal	Modulation de tension électrique permettant la transmission de données audio ou vidéo. S'oppose au bruit.
Story-board	Découpage précis et en images.
SVCD	*Super Video Compact Disc.* Évolution du format VCD, basé sur un encodage en MPEG-2 apportant une meilleure qualité d'image. On peut stocker jusqu'à 40 minutes de vidéo haute qualité sur un CD-Rom, le format d'image étant de 480x576. Seuls les lecteurs DVD de salon les plus récents reconnaissent ce format.
S-Vidéo	Interface vidéo permettant de séparer les signaux de luminance et de chrominance.
Taux de transfert des données	Nombre de kilooctets par seconde pouvant être transférés par un périphérique d'enregistrement (disque dur), de capture (caméra) ou de transfert (carte d'acquisition).
Timecode	Code temporel inscrit sur la bande au moment du tournage et permettant un repérage précis des images.
Timeline	La *Timeline* (ligne de temps) désigne la zone du logiciel de montage sur laquelle les plans sont assemblés chronologiquement.
Trame	Ensemble des lignes horizontales correspondant à la moitié d'une image vidéo.

Tri-CCD Association de trois capteurs CCD dans les caméscopes DV analysant respectivement une couleur primaire (rouge, vert, bleu). La majorité des caméscopes DV grand public ne possèdent qu'un seul capteur CCD.

VCD *Video Compact Disc*. Format basé sur une compression de la vidéo en MPEG-1 et permettant d'enregistrer jusqu'à 80 minutes de vidéo sur un CD-Rom de 700 Mo, le format d'image étant de 325x240. Les CD au format VCD peuvent être lus sur la majorité des platines **DVD** de salon.

VHS *Video Home System*. Format d'enregistrement et de cassette vidéo grand public développé par JVC.

Vidéo de base champ Les images sont stockées sous forme de deux champs d'informations distincts pour chaque image en vue d'un entrelacement (pour visualisation sur téléviseur). Cela permet d'éviter le scintillement de la vidéo sur téléviseur. Cette option est donc à privilégier si vous désirez diffuser votre vidéo sur téléviseur. Si vous désirez récupérer une telle vidéo pour diffusion sur moniteur informatique, sélectionnez l'option désentrelacer, cela permettra au logiciel de montage de reconstituer chaque image à partir des deux champs qui lui sont associés.

Vidéo de base image Les images sont stockées de manière indépendantes ce qui permet une diffusion parfaite sur moniteur informatique mais crée un scintillement sur téléviseur, car l'image n'est plus entrelacée. Privilégiez ce type de vidéo pour diffusion uniquement sur ordinateur. Si vous récupérez une telle vidéo pour créer un fichier vidéo de base champ (pour diffusion sur téléviseur), sélectionnez l'option **réduire le scintillement** pour permettre au logiciel de montage de reconstituer les deux champs associés à chaque image.

Volet	Effet de transition entre deux plans, l'un recouvrant l'autre selon une ligne ou un motif spécifique.
Windows Media Encoder	Logiciel d'encodage audio/vidéo gratuit développé par Microsoft.
Windows MediaPlayer	Logiciel de lecture multimédia gratuit développé par Microsoft et fourni en standard dans Windows.
Zoom	Objectif à grossissement variable. Le zoom optique fonctionne avec des lentilles et le zoom numérique grossit artificiellement l'image grâce au capteur (dégradation de l'image selon l'amplitude du zoom).

Index

!

A

B

C

Index

Index

D

E

Index

Index

Index

Index

Index

Liste des titres disponibles de la collection Top Micro